Kids Deserve It!

学生最需要什么

准确发掘学生需求 找到最佳教学方案

【美】托德·奈斯洛尼 Todd Nesloney 亚当·维尔科恩 Adam Welcome 著

中国青年出版社 CHINA YOUTH PRESS 中青文传媒

图书在版编目（CIP）数据

学生最需要什么：准确发掘学生需求，找到最佳教学方案 /（美）托德·奈斯洛尼，（美）亚当·维尔科恩著；（当代）白洁译. —北京：中国青年出版社，2020.7

书名原文：Kids Deserve It!: Pushing Boundaries and Challenging Conventional Thinking

ISBN 978-7-5153-6022-5

Ⅰ. ①学… Ⅱ. ①托… ②亚… ③白… Ⅲ. ①教育工作—研究 Ⅳ. ①G4

中国版本图书馆CIP数据核字（2020）第075858号

学生最需要什么：准确发掘学生需求，找到最佳教学方案

作　　者：［美］托德·奈斯洛尼　亚当·维尔科恩
译　　者：白　洁
策划编辑：肖妩嫔
责任编辑：肖　佳
文字编辑：朱　佳
美术编辑：杜雨萃
出　　版：中国青年出版社
发　　行：北京中青文文化传媒有限公司
电　　话：010-65511270/65516873
公司网址：www.cyb.com.cn
购书网址：zqwts.tmall.com
印　　刷：大厂回族自治县益利印刷有限公司
版　　次：2020年7月第1版
印　　次：2020年7月第1次印刷
开　　本：787 × 1092　1/16
字　　数：137千字
印　　张：13
京权图字：01-2018-8308
书　　号：ISBN 978-7-5153-6022-5
定　　价：39.90元

谨以此书献给那些勇于探索的教育工作者；献给那些以学生利益为重，在孤单的道路上一直坚持的教育工作者；也献给那些渴望得到关注和重视的孩子们。我们希望这本书能点燃一颗火花，并带来积极和持续的改变。

目录 contents

赞誉之辞

现在，教室中好的现象越来越多，托德和亚当二人就参与到这一变革之中。本书是写给那些心怀目标之人的，提醒他们当初做事情的初衷。希望有越来越多的人爱上“学生最需要什么”这句话。如果这句话能够实现的话，那将会是一个多么美好的世界啊。

他们二人分享了很多美好的故事，他们的这种奉献精神深深地打动了我。我相信如果他们照这样做下去的话，会激发出他人更多的善良。对于与年轻人一起共事、需要被鼓励的教育工作者来说，这本书正是为他们量身打造的。

——**布拉德·蒙塔古**（Brad Montague），

作家兼导演，《儿童总统》作者

这是一个真实的故事，对年轻人的生活产生了巨大的影响！这本书为我们提供了很多具有现实意义的帮助，让我们为了孩子把世界变得更加美好！

——**史提夫·梅斯勒**（Steve Mesler），

奥运会金牌得主，“教室冠军”联合创始人兼首席执行官

托德和亚当写的这本书，应该成为所有有抱负和经验丰富的教育工作者的必读书目。它真正强化了这件所有伟大的教育工作者都应该知道的事情：教书育人应更多地关注、激励和鼓励学生，而不仅是通知和检查学生。信息传递者比信息本身更重要。当学生知道有人相信他们的时候，他们能够取得惊人的成就。这本书提供了许多教育工作者都需要的、来自他人的肯定，尤其是当他们对教育系统失去希望、质疑这份职业的重要性时。

——**尼古拉斯·费罗尼**（Nicholas Ferroni），

教育工作者，作家，民权活动家，《人物》杂志年度最性感教师

这本书是对敢于创新的教育工作者的一个精彩的——也是迫切的——邀请。亚当和托德编写了一份鼓舞人心的实用指南，为我们集体创意的引擎加速，使我们更好地为儿童服务。亚当和托德这对充满活力的双人组合，将鼓励教育工作者发挥自己的才华，为每一个孩子服务。孩子的父母和照顾者也会因为这本书而更加读懂孩子。

——**彼得·雷诺兹**（Peter H. Reynolds），《圆点》作者

亚当·维尔科恩和托德·奈斯洛尼的这本书会触动你的神经，温暖你的心，帮助你与学生建立良好的关系。如果想让你的教室和学校变得更好，那就阅读这本书吧！孩子们值得拥有它，我相信每位老师都应该清楚，他或她每一天都在产生影响。教师应该让学习成为所有学生的乐趣！与众不同的想法、改变生活的想法、激发快乐的想法——这些想法不难做到，但却能改变世界。让我们从现在开始吧。

——**维姬·戴维斯**（Vicki Davis），

"酷猫老师"博客的作者和"每间教室都很重要"的主持人

托德·奈斯洛尼和亚当·维尔科恩都是杰出的教育工作者，他们用尽全力去提升、激励、支持和教育每一个学生。试想一下，如果每位教育工作者都这样做，那么所有的孩子都会茁壮成长。对于托德和亚当来说，孩子们永远是第一位的！这本书是教育工作者的必读书目。

——**金·贝尔登**（Kim Bearden），教育工作者，

演讲家，罗恩·克拉克学院联合创始人，《速成课》作者

在这本书中，托德和亚当提醒教育工作者记得当初选择进入这个行业时的初衷，并鼓励他们维持起初的激情，努力改变孩子们的生活。他们二人进一步激励教育工作者勇敢地去面对那些难以把孩子放在首位时的情况。通过无数的个人故事和实用的专业小贴士，托德和亚当不仅分享了他们提

高教学质量的方法，还开创了一个专业性的资源来提醒我们每天最重要的工作是捍卫学生。

——**詹妮弗·拉加德**（Jennifer LaGarde），北卡罗来纳州威尔明顿市新汉诺威县学校图书馆媒体负责人/数字教学专家

这是一本简洁却具有启发性的书，书中讲述了许多可操作的要点，可以在任意一个层面上为教育工作者提供动力。无论你是家长、老师还是学校管理者，这本由理论和故事组成的强大的集锦都可以滋养你的精神，让你重新回忆起当初为什么选择和孩子一起工作。坐下来，让亚当和托德带你去旅行，提醒你所做的一切是多么英勇。我被他们在社交媒体上产生的影响所鼓舞。他们与孩子的关系，他们的洞察力，以及他们的热情持续激励着我。毫无疑问，这正是孩子们所需要的。

——**埃里克·瓦尔**（Erik Wahl），艺术家、作家、儿童大使

在这本书中，托德和亚当为教育工作者和领导者提供了清晰有力的策略，从而变得更具有创新性和创造性。我们每个人都必须走出自己的舒适区，进入学习区；必须与其他创新者建立联系。读完这本书后，你会为所有的孩子疯狂努力，而这正是孩子们所需要的。

——**莎乐美·托马斯·艾尔**（Salome Tomas-EL），《不朽的影响力》作者

这本书是一个了不起的证据，证明了教育工作者不仅愿意在教室里冒险，而且愿意走出自己的舒适区，与学生保持联系！托德和亚当很好地说明了“冒险”的回报肯定大于风险本身。这是所有教育工作者都必须阅读的一本书！

——**黛西·戴尔·杜尔**（Daisy Dyer Duerr），全国中学校长协会数字技术负责人，“重新设计农村教育”创始人、教育发言人和顾问

本书从纷繁杂乱中走出来，找到教育中最重要的核心问题——人际关系。托德和亚当提供了许多真实的、可操作的故事，讲述他们在20年的教育生涯中所面临过的各种挑战。这本书出版之际，科技在教育领域的作用正变得越来越重要。这提醒我们，帮助孩子们成长的不仅仅是科技，还有科技背后的人。

——**布雷特·科普**（Brett Kopf），Remind联合创始人兼首席执行官

教育是一个必须依靠创新才能生存下去的领域。在这个领域，教育工作者必须突破界限，做一些与众不同的事情，其中人际关系是关键。托德和亚当把这些想法汇集到这本书里。好上加好才是真的好，我们的孩子应该得到更多。

——**托德·威特克尔**（Todd Whitaker），演说家，《从优秀教师到卓越教师》作者

这本书是写给那些需要被激励走出自己舒适区的老师们的，他们需要达到那种令人兴奋的学习程度。为什么？因为我们的学生需要我们向他们展示，学习是有意义的，这本书提供了改造教室的动机、故事和方法步骤。

——**雪莉·桑切斯·特雷尔**（Shelly Sanchez Terrell），

教师培训导师，《教师的30个目标挑战》作者

这不仅仅是一本书。读这本书时的感觉更像是和两个好朋友一起喝咖啡，我们一起笑，一起哭……当阅读结束时，我受到了鼓舞，想为孩子们改变世界。亚当和托德向我展示了，把灵感握在手中的感觉。这个灵感就是他们的这本新书。我敢说你读了之后，会迫不及待想为孩子们做一些了不起的事情。

——**布拉德·古斯塔夫森**（Brad Gustafson），

2016年明尼苏达州国家杰出校长称号获得者，《叛徒领导》作者

这本书让我热泪盈眶。它正是那种学生和家长希望老师阅读和在学校实施的书。在每一章的后面，都有一些具有挑战性的问题，帮助读者更深入地、真实地、实际地思考，激发创造力，支持联系和关怀。

书中提到了许多有用的建议，特别是关于如何在线上找到“你的人”以及如何融入高度互联的社会生活。这些建议使读者能够接触并学习到新的专业技能，成为有创造力的教育社区的一员。这个社区会让你更关注你

能做些什么，来改变生活，并帮助孩子——以及那些爱孩子的人——成为全球学习社区的一员。

——**杰克·安德拉卡**（Jack Andraka），

发明家，杰弗森奖获得者，国家地理探险家

在这本书中，托德和亚当编织了一系列发人深省的、真实的故事，提供了一些深思熟虑和衷心的建议，其结果是得出了一个深思熟虑的公式，即把学生放在我们的教育宇宙的中心。我们要努力做到大胆、勇敢、模范、创新、联系、接受不确定性和不适、不断学习和发展。这本书是适合任何层次教育工作者的杰出读物。

——**安吉拉·麦尔斯**（Angela Maiers），

教育工作者，作家，演讲家，Choose2 Matter创始人

所有的学生都应该得到最好的教育，这是一个再简单不过的想法。谁能反驳呢？亚当和托德通过他们深思熟虑、务实而又常识性的方法，不仅向读者展示了孩子们应该得到这样的教育，而且为读者提供了完成这样的教育的必要步骤。

——**彼得·德维特**（Peter DeWitt），

教育博士，作家，教育顾问

托德和亚当所举例子中展现出的激情和创造力，将有助于培养一种“现在就能做”的心态，以应对未来必要的变化。

——**埃里克·申格**（Eric Sheninger），国际教育领导中心高级研究员

就像著名动漫《灌篮高手》一样，托德和亚当写了一本真正改变思维定式的书。很长一段时间以来，学校一直在关注合规性。托德和亚当粉碎了这一信念，他们以改变世界为目标！首先他们相信孩子，正如你所读到的，孩子需要我们这么做！你很快就会找到切实可行的方法，开始改变你的学校、课堂，以及最重要的——思维模式。我最喜欢的部分是第7章，我喜欢这些教我们向以学生为中心的文化转变的实用方法！

——**本·吉尔平**（Ben Gilpin），

华纳小学校长，《重新设计学习空间》的合著者

虽然我们都相信孩子，但如何成为孩子心目中的英雄，亚当和托德为我们提供了灵感和实用的建议。这本书帮助我们，回忆起我们对教学的热爱，以及如何提升孩子。对我来说，最好的一天就是学生们度过了美妙的一天。亚当和托德提供了有趣和鼓舞人心的故事，以及实用的建议，教你如何为学生的美好一天作出贡献。

——**爱丽丝·基勒**（Alice Keeler），

作家，教育技术专家，教练、顾问，兼职教师

托德和亚当不仅认识到了让孩子成为教育实践的中心的重要性，而且提供了实用的建议和反思，这必将引导所有学校的领导者，迈向个人和职业的成长。

——**盖尔·康奈利**（Gail Connelly），全国小学校长协会执行董事

引言
INTRODUCTION

每一个学生都值得拥有最好的教育

赚钱并不是吸引人们从事教育事业的原因。人们之所以选择教育事业，是因为想作出改变——改变孩子的人生，把智慧传授给下一代。

这本书诞生于两个校长之间的对话，两个对学生、教育、创新和创造力充满激情的学校管理者，都想为孩子们争取更多。我们俩都还记得，在2015年的全国小学校长协会（National Association of Elementary School Principal）会议上，我们聆听埃里克·瓦尔谈论教育、创造力和想象力。从埃里克的演讲中，我们认识到，要想创造一个空间，以推动传统教育变革、挑战现状、消除借口，我们需要变得更加勇敢！

我们俩都是小学校长，与来自不同家庭条件的学生一起工作。我们俩一个在一个小镇上与低收入（近90%的人享受免费的午餐）、多元化的学生群体一起工作，另一个在一个更大的地区的一所学校工作。虽然两所学校面临的需求和挑战完全不同，但它们仍有一些相似之处。

作为教育工作者，我们很容易被困住——特别是当我们在完成那些别人告诉我们必须完成的事情时。我们容易被“体制”所压制，或者落入“一直以来都是这样做”的窠臼。我们希望这本书能够鼓励你摆脱困境，打破陈规。我们希望，我们的故事会给你带来希望，激励你坚持下去。我们希望，通过分享我们的想法和工具，帮助你成长为最好的自己。我们希望，给孩子们最好的教育。

我们的梦想是通过这本书，来分享我们的信念，即真正的最好的教育是让孩子得以全面地发展成长。作为教育工作者和成年人，我们必须拥有孩童般的好奇心，重视和关注学生，以及不断地被他人激励并激励他人。

教育工作者不能自满，更不能被突然出现的障碍阻挡前进的脚步。我们必须坚持不懈，不断挑战极限，努力争取给学生最好的教育。因为这是每一个孩子都值得拥有的！

第1章

勇于创新，激发学生的创造力

Go Big,
Be Creative!

想象一下这样的情况：一个老师或校长有一个新的想法或创意，并成功吸引了学生们的注意力；或者相反，一个学生带着一个很棒的想法来到学校，与校长或者老师的想法不谋而合。

这不正是落实在个人层面上的自发无意识的联系与激励吗？教育的核心标准不就是“沟通与协作”吗？

学习并不需要提前计划或准备，学习也不应该仅仅局限于教室。学生们不能因为放假了就停止学习。事实上，学习可以随时随地发生。

但问题是，**作为教师的你会利用这些零碎的时间，来激励学生学习吗？**你也许会说，我可没有这种创造力。好消息是，我们都不是生来就有创造力。创造力是需要付出努力、不断实践和发展才能获得的。

想象一下，因为你的课堂充满了创造力，所以你的学生每天都能进入一个令人兴奋的课堂，一个他们永远都不知道会发生什么新奇事的环境。他们从你身上学到的想象力，可以激发他们思考——而他们的思想和成年人的思想一样有价值。希望我们每天都花点时间，去探索新的想法，摘下孩子们身上的“辅助轮”，看看他们究竟能走多远。

改变课堂授课方式

在我（托德）参观访问位于佐治亚州亚特兰大市的罗恩·克拉克学院（Ron Clark Academy）后不久，我决定改变我的课堂授课方式。在我的职业生涯中，很少有经历能与那次访问带来的影响相提并论。像罗恩·克拉克（Ron Clark）和金·贝尔登一样的这些教师们始终影响着我，促使我思考如何提高教师在课堂上的创造力和情感体验。

金·贝尔登谈到了教师如何在课堂上建立与学生之间的情感体验，并强调教师必须要保持兴奋、自主和异想天开。她也分享了教师如何通过改变课堂空间，来对学生的学习产生巨大的影响的观点。金·贝尔登是对的。因为研究表明，我们的记忆是建立在情感体验的基础之上的。

所以我接受了金·贝尔登的建议，然后带着一个新奇的想法，回到了得克萨斯州。经过几周的筹划，并且在连锁超市花费了35美元购买医疗用品后——“内兹医院”诞生了。

在实施课堂转型前一周，我先给学生们设置了悬念。我每天都会告诉孩子们一遍他们绝对不想错过星期五的课，因为这将是他们从来没有经历过的体验。我只告诉他们这些，其他的细节他们并不知道，但他们都很好奇接下来会发生什么！

在“不可错过的星期五”的前一天晚上，我把教室变成了手术室。我把透明塑料桌布盖在墙壁上，把蓝色的桌布铺在课桌上，在投影仪上展示心脏的3D模型，将心脏跳动的声音下载到我的iPod上以备播放。除此以外，我还准备了胶粘的虫子、染成红色的水、镊子、塑料袋等物品，以便第二天进行各种活动。

第二天，当孩子们来到教室时，他们看到的是一扇锁着的教室门，上面写着："医生马上就来。"上课铃声一响，我就从教室里面冲了出来。我装扮成医生的样子，戴着一副之前从来没有戴过的眼镜，手里还拿着一张工作证，上面写着"内兹比特医生"。我用一种跟平时全然不同的口音和热情的态度，来迎接我的学生们。我自我介绍道我是内兹比特医生，并跟他们解释说，托德老师今天不在，因此会由我带他们参加一个由内兹医院赞助的新医生培训项目。

当孩子们走进"手术室"时，他们都穿上了"手术服"——都是我从高中化学老师那儿借的口罩、手套、护目镜、发罩和科学实验室罩衣。

开始上课之后，我会先讲故事，然后，让孩子们根据学习目标完成一个又一个实验。我们做了很多事情，从使用胶粘的虫子（代表寄生虫）和红染色水（代表血液）来测量水中寄生虫的长度，到创建一个适合大多数人使用的自助餐厅，同时设计了三种不同的自助餐桌，还通过使用数学技巧解决了医院病历记录中的不一致问题。对学生们而言，这次经历真的很神奇。

当我和学生们一起吃午饭时，校长走过来对我说："内兹比特医生，今天一切都好吗？"她走后，一个孩子问我："她知道你不是真正的内兹比特医生，对吧？”

我告诉学生们，下星期一返校时，托德老师将为每一个从新医生培训项目毕业的学生颁发证书。但是我周末时完全忘记了制作证书的事情。周一早上，学生们在我的门前排起了长队，准备告诉我他们上周五和内兹比特医生在一起时的经历，并询问他们的证书在哪里。于是我只好在开会的时间赶制证书！我必须确保每个孩子都有一个，否则，我想他们是不会放我离开的！

从那以后，我的学生们经常询问我，内兹比特医生什么时候回来。甚至过了好几年之后，学生们还在谈论这件事。

我本可以因为害怕而不去尝试新的授课方式。我本可以找很多借口，比如这么做不起作用，我的学生不清楚该如何做，我的校长不同意我的方案，或者我没有时间去做这件事情。但我把所有借口都放一边，走出我的舒适区，带着一个新奇的想法向前迈出一大步。我很开心，这次经历真正改变了我。

不要害怕冒险

教育工作者的工作向来不能墨守成规。因为**即使计划做得再周详，实际工作中也会出现各种各样的意外**，甚至是一些陷阱。而这不正是体现了现代化的劳动方式吗？

我们认为，教育工作者有义务营造一个充满激情和创造力的环境。我们不能害怕冒险尝试新事物。的确，冒险攀登时，树枝有时可能会被折断，我们必须抓住另一根树枝以防跌落，但也许它不会被折断。也许我们能够爬得更高，创造出一些全新的事物，让整个班级甚至整个学校的学生们的想象力都更加丰富。当这种情况发生时，你就会明白，你的学生正在学习并使用他们的创造力、好奇心和发现能力等技能，而这些技能在他们离开学校后的很长一段时间内仍会被继续使用。

这是关于冒险和探索的一本书。你可以把这些精神带到你的教室里去！我们的学校需要，我们的社区需要，我们的孩子也需要！

阅读与思考

1. 如何才能“走向强大”？

2. 在课堂上，有什么新的方法可以提高学生的兴奋感？

3. 不要害怕尝试新事物或承担风险。想一想，什么是你一直想尝试却没有尝试的想法？

第2章

不要住在孤岛上

Don't Live on an Island

今天的教育现状与我们刚开始教书那会儿的情况已经大不相同。那时，我们只是在教室的四墙之内教书，我们甚至从未想过，与来自世界各地的人交流——更不用说与他们合作了。我们全神贯注，埋头苦干。在这个过程中，我们发现教师可能是一个非常孤独的职业。

比孤独更糟糕的是，当我们处在这样一个环境中时，就会出现负面情绪。如果你想要创新和突破界限，你会被那些只会说反对意见却什么都不愿意做的人孤立。为了完成你认为对孩子来说是最好的事情，你可能会觉得必须“闭门造车”，关起门来搞教学。但这么做可绝对不会让你的教学事业蒸蒸日上。这种与世隔绝的生活，必定不利于新思想的产生。

不管这种孤立产生的原因是什么，如果你想创造出新的思维的火花，你就必须“离开孤岛”，与他人合作。好消息是，你可以选择与谁联系或合作——他们可以是来自任何地方的人。

分享你的观点

当我（托德）第一次上网时，我已经教了5年的书了。我认为自己是一个创新者和边界推动者，但随着边界的推进却也会逐渐被他人孤立。我时常觉得自己像一只孤独的狼，被身边虎视眈眈的目光包围着，那些喜欢保持一成不变的人一直在那里窃窃私语。

当我的助理督学特洛伊·莫尼（Troy Mooney）告诉我需要开通一个Twitter（美国一家社交网络及提供微博服务的网站）账户时，我一点儿也不感兴趣。我为什么要和不认识的人联系？我已经有了自己的Facebook（“脸书”，美国的一家社交网络服务网站）账号，我不需要再注册一个Twitter账号。另外，我也没有时间——我教着75个五年级的学生，哪有什么时间上微博？

但谁敢对助理督学说“不”呢？于是我选择冒险一试，创建了我的Twitter账户。然后我就坐在那里，既没有发推文，也没有参与讨论，只是看别人在分享什么。但我确实从里面收获了一些新的想法，甚至转发了其中的一些微博。

过了一段时间，我迈出了自己当时觉得很勇敢的一步——我在Twitter上发布了自己的意见，分享了自己的思想。当有人对我的推文点赞，然后又有人转发了我的推文时，我就知道自己被Twitter吸引住了！突然之间，我有了一个令人愉悦的新的领悟：哇，有人喜欢我说的话吗？也许从那一刻起，我才感觉自己真的有话要说。虽然身在得克萨斯小镇的小学校里，我却感受到了与外界联结的力量，这种力量鼓励我走出孤身一人的小岛。

我将永远记得安吉拉·麦尔斯对我说过的话：“作为一名教育工作者，你会有很多非常棒的想法。如果你不分享这些好点子，你就是在伤害这个领域里那些能够并且想向你学习的人。”

所以，我开始同别人联系，分享我的想法，甚至与他人合作！在我刚开始我的教学生涯时，我从未想过有朝一日我会和来自世界各地的人一起工作。

但微博的确为我和我的学生带来了许多与他人——其他国家的学生、奥运会和残奥会运动员、白宫工作人员及其他各行各业的人——合作的机会。

我做出了选择：与“孤岛”外的人联系。一开始我根本不知道自己在做什么，我只知道我要找到“我的人”，我必须找到其他像我一样充满激情、“不安分”的教育工作者，否则我会因为孤独而半途而废。

我实现了我的目标，它不仅让我成长为一个人，一个教育工作者，也使我的学生从中受益。

主动学习并使用社交工具

当我（亚当）成为一名校长后，我发现校长是一份非常孤独的职业。几年前，我注册了Twitter账号，但并没有怎么使用，后来我通过一些教育圈的关系认识了彼得·德维特，从此我的Twitter生活便正式开始了！自从有了这位导师的信任和鼓励，一切都变得不同了！人人都需要一个“推动者”—— 一个能激励我们爬得更高更快的教练。

因为我很重视在Twitter上与他人所建立的联系，所以我说服其他校长也试着在Twitter上与同行建立联系。有些人可能会把这种现象称为同侪压力，但我更喜欢称之为教育压力。我开始在Twitter上为教育工作者提供专业发展课程，受众既包括我所在学区的其他校长及他们的教职员工，也包括我自己学校的一些老师。与此同时，这些人还会帮助我积极宣扬这一教育界的福音——“与外界联结是如何彻底改变了他们的课堂和职业生涯”。不到3个月，我所在地区的所有学校就都出现在Twitter上了，我们互相学习和分享。此外，我们的督学，还有学校董事会成员和家长们，也都出现在了Twitter上。我们还与全国各地的学校建立了联系。

有一次，我的督学来我们的校园视察，当我们从一间教室走到另一间教室时，我总是能够准确地告诉她，下节课将会参观的内容。她简直不敢相信，我居然有校园里每位老师的确切时间表！但事实上我并没有。我只是在关注我的教职员工的Twitter动态，他们经常实时分享正在发生的事情。通过Twitter，我成为督学访问时的向导，她完全被这种情况吸引住了！

认识我的人都知道，我有一种不断前进、与时俱进的精神。所以，尽管Twitter很棒，但当Voxer（一款专门为iPhone和Android智能手机设计的免费对讲机应用，为用户提供即时的语音、文本、照片等信息发送和接收服务。该应用有点类似于短信服务，但用声音代替文本）出现时，我很快便欣然接受了它！事实上，我告诉我的同事，如果他们想收到我的回复，就用Voxer给我发一条消息。因为在学校里使用电子邮件交流太麻烦了，而且语音是一种更强大的交流方式：你可以听到别人声音中的语调语气；它的回复速度很快，甚至比发电子邮件还快。我现在完全无法想象，如果没了它，我的生活会变成什么样！

后来我又想到了另一件事——我们为什么只关注自己的学区？于是我们开始利用这些工具与周边学区联系，而且效果非常好！我们和几个周边城镇的学校建立了联系；学生们之间也开始通过“谷歌文档”建立笔友关系；我的老师们开始跟踪学习其他学校的做法，他们因此源源不断地产生思想的创意。

教育压力的影响是巨大的。而且人们需要它，想要它。当我告诉某个人关于Voxer或Twitter的事情后，我会在5分钟内询问他们是否已经注册了，他们会给我一种“5分钟之前你才告诉我，你在开玩笑吗”的表情。相信我，像Twitter这样的工具非常重要——你需要立即注册，它们会改变你的生活。我已经习惯了自己的教育热情，并从其他校长或老师那里收获了很多鼓舞人心的故事，帮助他们与别人建立联系。我知道我不是唯一对此上瘾的人。使用这些工具的好处是实实在在的。一旦你尝试了，你还会继续做下去。

走出你的舒适区

教育工作者就像在一个孤岛上生活。但事实上，我们生活在一个密切联系的世界里，只需动动指尖，就有无穷无尽的信息和资源。我们可以选择假装外部世界不存在，也可以选择充分利用世界各地教育工作者的专业知识。

我们教学生使用在线工具来学习，教师自己也可以使用这些工具。例如，教师可以使用YouTube上的视频，来帮助学生学习食藻动物的知识；当我们不记得某篇在线文章的出处时，我们可以使用谷歌搜索。教育工作者需要了解相似类型的在线工具，不断学习新的专业技能。当你正在努力为学习如何处理课堂纪律、如何使用翻转课堂、在哪里找到适合男孩的最佳书籍，甚至寻找附近哪有EdCamp（教育探讨会）活动而苦苦挣扎时，请记得，你拥有一个可以随时获取其他在线者帮助的网络！

是的，走出我们的舒适区，向别人寻求帮助，或者向别人分享我们的想法，都是很需要勇气的。但是我们每天都在告诉学生，要努力学习新事物，要表现得勇敢。作为教育工作者，又怎么能不以身作则呢？

同样地，我们也不能再说不明白“孩子们都在说些什么”。使用谷歌或YouTube等搜索，知识唾手可得。**我们生活在一个信息爆炸的世界，我们不能再声称自己不知道，那只能说明我们自己不愿意学习。**

你可能认为，我们在谈论“技术”问题，但实际上，我们正在谈论的是与你的孩子息息相关的东西。今天的学生被科技和信息所包围。他们所处的世界与我们上学那会儿生活的世界截然不同。我们必须明白，技术、视频网站和社交媒体是当今世界不可分割的一部分，我们的工作就是帮助学生做好应对它们的准备。

如果你想回应说，太忙了，没时间上网。我们可以很公正地告诉你，所有人都有时间做他选择做的事情。如果你说没有时间和别人联系，你实际上是在说，生活中的其他事情比这件事更重要。

不要再找借口了！你需要和你的老师们联系，也需要和你的学生们联系。你会因为和他们保持联系而成为一个更强大的教育工作者。如果我们真的关心孩子、想做对孩子最好的事情，我们别无选择，必须摆脱孤立，与行业内外的其他人联系。因为学生需要我们这样做！

阅读与思考

1. 你觉得自己在一座孤岛上吗？如何通过Voxer或Twitter与其他学校管理者交谈，从而在一天中创造出一条惊人的生命线呢？

2. 如何鼓励更多的教育工作者走出他们的舒适区？

3. 当你第一次在网上与他人建立联系时，你最大的恐惧是什么？你从与外界的接触中得到了什么？这是不是让它变得不那么可怕了？

4. 告诉别人你是如何与外界建立联系的，怎么能让他们相信，他们也能做到呢？

第3章

坚持创意教学

Innovate!
Be Different!

教育行业属于传统领域，几十年来我们在学校里一直重复着同样的事情。我们经常会想，为什么我们总是在做同样的事情？（我们在听到人们谈论所谓“21世纪的技术”时会觉得很有趣，可是我们是否仍在使用“20世纪的技术”？）

当然，传统文化是学校文化的重要组成部分之一，但当涉及学习这个话题时，一直沿用几十年前的策略却是行不通的。如果教育工作者本身都不努力学习成长、突破自我，就更不要期望我们的学生能够这样做了。如果教育工作者自己都不督促自己学习，又怎么能要求学生们每天都来学习呢？

从学校管理者到教师再到学生，教育组织里的每一个人都应该使用新技术和协作技能，并且每天练习。教育工作者必须以身作则。如果你想让你的老师或学生融入科技生活，那就不要再拿着黄色的便签本，来回走动着手写笔记。而是拿起平板电脑，把你的生活数字化！向人们展示你很重视孩子们所使用的学习工具这一事实。

我们必须不断寻找方法来进行创新。我们必须变得勇敢，勇于冒险，走出舒适区！挑战自身极限，不害怕犯错！你会因为孩子们变得更强大，更有创造力。孩子们没有时间等我们。当我们拖拖拉拉，不敢在教室里尝试新技术时，就是在浪费孩子们宝贵的学习机会。

如果想让学生明白，分享创意是一件非常值得冒险去做的事情，那么创造力就是教育工作者们必须磨炼自己的另一项技能。很多教育工作者告诉我们俩，“我没有创造力”。说得好像创造力是一种天生的技能，要么有，要么没有。这其实是一种偏见！

我们俩都非常欣赏艺术家兼商业战略家埃里克·瓦尔，以及教育演说家兼作家戴夫·伯格斯（Dave Burgess）。埃里克·瓦尔是一名艺术家、作家以及企业家。他在艺术领域是一位声名显赫的涂鸦画家，同时也是一名出色的演讲者，还是TED的演讲嘉宾之一。埃里克·瓦尔通过采用“破坏性创新”的教育方式，很好地融合了商业和艺术，并取得了令人瞩目的成就。

戴夫·伯格斯则是《教学需要打破常规》的作者。他执教16年，是美国教育领域难得一见的教学奇才，是著名的专业成长讲师，以创意、个人魅力和惊人的活力而著称。其以“教学需要打破常规”为主题的培训班、研讨会和演讲，启发和鼓舞了许多教师并帮助教师发展出了更实际的教学方法，让课堂教学变得更有创意，更加吸引学生参与到课堂学习中来。他们两个人不仅广泛地谈论创造力，而且强调创造力不是与生俱来的。更确切地说，**创造力是一种通过不断学习而获得的技能。**

我们都经历过来之不易的、令人惊叹的创造力时刻。我们经历过一次又一次的尝试和失败。我们与那些推动我们思考并帮助我们成长的人进行了许多对话，并把这些人称为“思考伙伴”，他们对于帮助我们培养创造力非常重要。我们和他们之间通过不断地发短信、发Voxer和发推文相互交流想法。在学校里，我们会为学生配对读写伙伴，同样地，我们也需要寻找“思考伙伴”来推动我们！

如果你还没有“思考伙伴”的话，那就赶紧找一个吧！如果你已经有了一个“思考伙伴”，他是谁？他是如何激励你创新的？你和他有交谈的地点吗？其实答案可以有很多！你可以选择加入一个类似Twitter的聊天室，或者加入一个类似Facebook的教育小组，还可以通过博客，甚至在教师休息室或大厅里就能与新来的人开始交谈。不要拿“我没有创造力”的借口来阻止你自己尝试新事物。每个人都有创造力。你必须释放你内心的天赋。你需要这样做，你的同事需要你这样做，你的学生们也需要你这样做！

组建团队，鼓励教师创新

2014年，在被纳瓦索塔中学（Navasota Intermediate School）聘为校长之前，我（托德）在微博上收到了一条消息，询问我是否喜欢采用项目制学习（project-based learning，PBL）课堂方式教学——这是我当时正在做的事情；随后，又问我是否想在PBL学校任教；最后，问我是否愿意考虑领导一所PBL学校。我对此很好奇，但我认为自己还没有做好离开课堂的准备。

在与纳瓦索塔中学进行了多次对话和几次面谈后，我被聘用了，同时面临着接管一所重建学校的挑战。当一所学校连续3年都为考试分数发愁时，得克萨斯州政府就会介入，提供“解决”问题的指导方法。纳瓦索塔中学决定从招聘新员工开始，给所有有兴趣的前员工同时重新申请职位的机会。所以基本上，我接手的是一个没有员工的校园，我不得不在几个月内先为学校的38个职位招聘员工。

我通过打电话、Skype和谷歌Hangouts，以及面对面交谈的方式，面试了150多个申请人——使用这些新技术的确使生活变得更简单。那时是一个激动人心的时刻，但也有点令人担忧。我希望能组建一个合适的团队。暑假开始后，因为我知道，在我们几个月后重新返校之前，需要找到一种方法，把新员工聚集在一起，鼓励他们去拓展相互之间的联系。因此，我推出了一个暑期学习系列项目，每周给新员工发布一个挑战任务，以此来提高他们的实践能力。

我发布的第一个挑战任务是让每个员工都创建一个Twitter账户。我录制了一段关于如何创建账户的操作视频，并将其上传到我的YouTube频道。然后把这个视频链接和对这项任务的解释说明一起发给员工。除了我的员工之外，还有其他人也关注我的YouTube频道。所以，在接下来的几天里，我收到了一些其他的教育工作者发来的电子邮件，他们看到了这段视频并且表示非常喜欢。他们询问是否可以一起参加这个项目！有何不可呢？于是我创建了一个公共博客，任何人都可以进入。

因为我想鼓励员工与他人建立联系，并向他人学习，所以我决定求助于我的专业学习网络（PLN）——我在网上或通过会议结识的人——并请他们帮助我，想出每周的挑战任务。在接下来的几个月里，我和我的专业学习网络一起，为教育工作者发布了一个又一个的挑战。

对于我们来说，这个夏天取得了巨大的成功。直到暑期结束时，一共有来自8个国家的3000多名教育工作者参加我们这个项目。我们在年底获得了“教育博客奖”。“教育博客奖”是一项社区范围内的年度活动，旨在表扬利用博客和社交媒体促进教育的优秀做法。“教育博客奖”的目的是，推广和展示这些社交媒体的教育价值。它为教育工作者提供了一个绝佳的资源，让他们了解在不同的环境中，不同的学习者如何使用社交媒体来学习。

组织一个暑期学习项目对我来说是一件新鲜事，因为我从来没有想过我可以做这种事。通过冒险尝试新事物，并向一些朋友寻求帮助，不仅使我的员工从学习项目中成长了起来——我也成长了！

几个月后，我通过一项教育者学习系列（Educator Learning Series，EduLS）进一步深化了挑战任务。很多教育工作者告诉我，他们偶然发现了我的博客，并从中获得了学习体验！谁会想到，我原本只是想让新员工相互联系起来的想法竟然会影响到全球数千人！

倾听来自学生的声音

去年年初，我们学校的官方Twitter账号已经拥有了700多名粉丝，而我（亚当）在过去的3年里发布了1.3万多条微博。学校的每一位老师都在微博上积极分享他们的课堂故事，家长们也都在微博上进行回复。这太棒了！

但与此同时，当我坐在五年级的教室里时，发现有些声音消失了——学生的声音。我们需要他们也成为谈话的一部分，而不仅仅是一个沉默的子声。他们如何看待我们的学校？学生们也需要发微博！

我立刻发短信，把我的想法告诉了两位五年级学生的家长："我想让学生们开始在学校里发微博，你同意吗？"

他们在两三分钟内回复："听起来棒极了！按你说的去做吧！"

我给了孩子们一台iPad，让他们在校园里拍照。我们一起写推文，谈论Twitter标签，讨论可以与其他人分享的信息，以及设置隐私权限，等等。所有学生的微博都是通过我们学校的官方账号发送的，并且添加了名为#KidTweet的标签。在我的指导下，几天之后，他们可以整天都在一起自由拍照和撰写微博。这是多么神奇的教育工作者和学生之间的合作啊！

你当然也可以选择给孩子们发阅读材料、让他们看电影、让他们听讲座，但是使用社交媒体的实际效果要好得多！因为微博使他们有与世界分享的感觉。他们可以学习如何与我们的学校社区互动，并热爱每一分钟！他们甚至可以将所有照片添加到我们的官方Flickr账户中（雅虎旗下图片分享网站，是一个提供免费及付费线上照片储存、分享方案，也提供网络社群服务的平台），并且创建了一份很棒的全年照片集锦。

在学生们发完第一条微博的几个小时内，很多孩子就来找我了："校长，我想成为一名实习生！"他们也渴望参与进来，分享自己的声音。于是，我们学校的社交媒体实习生项目应运而生！萨伦伯格和卡莉负责训练新来的实习生，然后，每组实习生负责训练接下来的实习生。学生们之间出色的团队合作，让我们的社区通过这些来自孩子们的观点，对学校生活有了新的认识！我喜欢看到手机上蹦出由他们所写的微博的消息提醒。学生们喜欢这个项目，大人们也喜欢！

在我们开展实习计划的几周后，当地的慈善组织听说了这件事，请我和孩子们介绍有关使用社交媒体的情况。我出席了会议，但是所有的谈话都由学生们来完成——因为这是需要由他们来分享的故事！

创新的风险与回报

对教育工作者和学生来说，上网并学习如何有效地使用社交媒体是至关重要的。像YouTube和Twitter这样的数字工具，可以为交流新信息、开发新创意打开令人惊奇的机会之门，但同时也为犯错误敞开了大门。（比如说，你生气的时候发的微博。千万不要这样做！）社交媒体不会消失，事实上，它只会日益成为我们日常生活的一部分。因此，我们必须成为孩子们的社交媒体向导，为他们指明正确的使用道路。作为主流的线上交流工具，在面试时，很多学院和雇主会要求检查申请者的微博及其他社交媒体的个人资料。所以，**我们必须教会孩子们如何理智地使用这些工具。**

我们在这里分享的做法，只是教育工作者们进行的创新式学习体验的冰山一角。瑞安·麦克莱恩（Ryan McLane）组织了一个名为“海盗日”的教学活动，教师们可以就他们感兴趣的话题进行互动教学，学生们可以选择他们想要参加的课程。布拉德·古斯塔夫森使用无人机、虚拟现实、绿色屏幕等工具来改善学生的学习环境。

但要注意的是，采用跟之前不一样的思维方式可能会带来一定的风险。尽管创新可以使我们俩分享我们的想法，让我们变得更加具有创造力。但我们俩并不想粉饰现实——当你选择创新和独特时，你可能会经历失败。而且有时这种失败比你想要的更加刺痛人心。

我们俩都目睹过，我们曾认为是最伟大的课程理念最终却付之一炬。然而紧接着我们必须要面对现实。因为那些盯着我们的人，会露出一副“我一直都知道那是行不通的”的表情。坦率地说，我们会把这种表情看作一种荣誉的象征，因为只有在你挑战极限、勇往直前的时候，别人才会露出这种表情！

或许是每次你想要创新的时候，都会有人告诉你你做不到；或许是环境不允许你创新；或许是学生们不能及时应对你的创新方式；又或许是资源不足限制了你去创新。有时候你很难从失败、周围人鄙视的目光和负面评论中振作起来；有时候你恨不得钻进一个洞里，再也不创新了。我们都理解，我们也都经历过。我们必须停止倾听反对者的声音，我们不能让反对者控制或限制我们的创造力和创新！不要接受那些对你说“不”的反对意见，尤其是当这些意见和“这才是我们做事的一贯方式”一起对你说的时候。否则，这对那些需要你的新鲜、有想象力的想法的学生、老师、父母或同事来说是不公平的。

俗话说得好："风险越大，回报越大。"如果我们愿意向前迈出脚步，即使中途磕磕绊绊，甚至偶尔受伤，但最终，我们会给予学生超出他们期望的、更好的教育。

当你读到那些挑战极限的人——甘地、特蕾莎修女、爱因斯坦、托马斯·爱迪生——的故事时，会发现其实他们也并非总是被别人支持或相信。他们甚至会面对更强烈的反对、怀疑和更多的悲观主义。值得庆幸的是，他们选择无视那些反对者，从而成了历史上举足轻重的变革者。

你每天都面临这样的选择：要么选择做你一直做的事情——安全而简单，要么选择做不那么简单的、可能更困难的，却更有价值的事情。当你在决定作何选择时，想清楚一点：**没有人可以通过走一条熟悉的道路而引发巨变，或者显著影响他人的生活。**如果你想被人记住，那就需要选择与众不同——由于你的不同选择而对学生产生足以令人感觉印象深刻的影响。要敢于承担必要的风险，激励孩子们看到自身无限的潜力，并且相信他们总有一天能展示自己。事情并不总是按照计划进行，创新也并不总是能够有个完美结局。但是我们能从失败中学到更多。只要我们不断尝试新想法，把自己推到舒适区之外，从错误中学习，我们就会进步。当我们进步时，我们的创新实践也会跟着进步，最终，我们的学生就会进步！我们必须不断地推动自己创新、成长，并找到与众不同的教学方法！因为我们的学生需要我们这样做！

阅读与思考

1. 阻碍你创新的最大因素是什么？

2. 你最近一次走出舒适区，尝试新事物是什么时候？结果如何？

3. 你是如何鼓励学生创新和与众不同的？对你的同事和你的领导呢？

4. 你是如何鼓励学生发声的？

第4章

永远不要摔门

Never Slam the Door

每个教师都曾遇到过这样的学生——使自己变得不讨人喜爱的学生。但假如你已经做了一段时间的教育工作者，你就会知道，当你真正了解那个学生时，他的生活和你的生活都将被改变。

教师会与一部分这样的学生打交道，作为学校的管理者，我们看到的这种学生会更多。我们每天都会接触到一个又一个深受伤害的孩子。或许是因为这些孩子在学业上落后，因而他们会表现得行为出格，想要得到关注；又或许是由于这些孩子从小就被如此对待，所以他们不知道该如何表现出不同的行为方式。

你是如何对待这类学生的？你是如何慢慢接触他们，并处理他们的问题的？取消他们的课间休息？罚他们去操场上跑圈？把他们关禁闭？不，他们需要知道，他们会得到无条件的关爱；他们需要知道，你不仅仅是把他们看作成绩单上的一个名字；他们需要知道，你愿意投入时间和精力，与他们建立联系。你永远都猜不到，这类学生身上什么时候会出现转机。当他们开始信任你的时候；当他们开始打开心门，让你看清他们的世界的时候。当他们开始这么做的时候，你会收获巨大的回报！

当处理学生纪律问题时，我们应该首先坐下来和学生交谈。很多时候，成年人想通过惩罚学生或大声喊叫的方式处理这些问题。但事实上，当孩子们行为出格的时候，正是他们在疼痛或受伤的旋涡中不能自拔的时候。他们需要被倾听、被支持。但实际上通常情况下，学生们并没有得到他们所需要的支持，反而是承受更多的痛苦，特别是当愤怒的成年人当着他们的面摔门而出时。孩子们再次肯定了他们心中的想法——没有人在乎他们。

那么，我们应该给孩子们提供什么样的支持呢？有时候，这种支持意味着和躲在桌子底下的学生一起坐在地板上，或者和他一起沿着走廊走走，这样他就可以用几分钟的时间冷静下来；有时候，这种支持意味着和学生出去打会儿篮球，或者只是和他坐在办公室里聊聊天。

和学生交谈时，从倾听开始，听他们说话，并试着理解他们的感受。他们为什么要这么做？他们为什么不高兴？我们从他们那里听到的信息，有助于我们为学生量身制订纠正计划，以确保类似的不可接受的行为不再重复。

当你倾听孩子说话时，你能更深入地探究问题的根源，更容易找到解决问题的方案，与孩子共同制定目标，而不是通过惩罚，那样做只会治标不治本。

让孩子知道你关心他们

3年前，我（亚当）在一个学生身上花费了很多时间。把他叫到我办公室的原因通常不是因为他做了什么糟糕的事情，而是做了破坏性的事情！几乎每一天的课间休息，我都要在办公室里和这名学生谈话，或者和这个学生的妈妈通电话。

我的教育方法是和孩子们不停地交谈。他们做错了什么事？他们为什么行为不端？如何防止他们再次做出类似的行为？然后我会和他们经常保持联系，有时一天多达三到五次。

和这个学生的父母见了几次面之后，我决定去做一次家访——这是我当教师以来一直在做的事情。我会提前和父母们协商时间，但不告诉孩子们，所以每当我出现时，对孩子们来说总是一个惊喜。家访时，我让孩子们带我去的第一个地方是他们的房间。如果他们的床没有铺好，我们就一起铺好；如果他们的房间不干净，我们就一起打扫！

当我像往常一样，来到这个学生的家时，我看到了一双大大的、惊奇的眼睛！他带我参观了后院的鸡舍和树屋，然后问我：

“先生，您为什么会来这儿？”

“因为我关心你！”我说，“因为我想帮助你学会如何在学校里做出正确的决定。因为我相信你可以做得更好。”

他理解了我说的话。并且从第二天起，他就开始发生了变化。男孩的父母感谢我，并邀请我和他们共进晚餐。他们说，以前从未有学校老师或行政人员做过这样的事情。

这已经是两年前的事情了。现在这个学生已经上五年级了，他的精力、行为、学习成绩和整体态度都有了极大的提高。虽然过去的两年中，我们遇到过一些问题，但我们在前进的道路上也取得了一些重大进步。

在上个学年的最后一周，我把这个学生叫到我的办公室。刚坐下，他就说：

“我这次可什么事也没做，先生。”

我回答说：“不，你做了。你成熟了！你的决策能力提高了！你在课堂上表现得最好！你交了更多的朋友！你是快乐的，你的笑容更多了！你很有团队精神！我真的为你感到特别骄傲！”

那天我们都激动地哭了，然后那个学生给了我一个大大的拥抱！当我打电话给那个学生的母亲，告诉她所发生的事情时，她也哭了！

你的学生需要你

我们必须把每一个孩子都看作勃发的种子。我们有可能是播下种子的人，有可能是浇灌种子的人，也有可能是见证它成长的人。作为一名小学教育工作者，我们的劳动成果通常要过很久以后，才能被看到，但是这并不意味着我们可以停止在学生身上投入时间和精力。要时刻记住，你正在为他们创造合适的条件，让他们生根发芽，帮助他们成长为最好的自己。

学生可能会使你感到沮丧，会占用你太多的时间。但这是因为他们需要你。他们需要你信任他们，接受他们，关心他们。你可以经常表达你对他们的关心。事实上，我们有时可以“投资”学生，甚至在认识他们之前，就向他们展示，他们对我们有多重要。

相信学生能成功

我（托德）在几年前读过由安吉拉·麦尔斯分享的一则故事，讲的是五年级的科学与社会研究教师奥林·克雷斯（Arin Kress）的故事。奥林在和新生见面之前，会给每个人写一封信并寄出去。信里会告诉他们，她非常关心并相信他们。她解释说，每个学生都值得拥有一个全新的开始。她将和学生共同努力，找到适合每个人成功的道路。

奥林的故事深深打动了我，我决定效仿这种做法。开学前，我给75名即将升入五年级的每位学生都写了一封信，让他们知道我有多在乎他们，尽管我从未见过他们。我还告诉他们，我们将共同努力，帮助他们找到属于自己的成功之路。

我在“和老师见面”的会议之前就把信寄了出去，然而会议上除了几位家长承认收到信之外，没有一个学生提起过这件事。

等到学年结束时，一位家长带着她儿子写的一封信来找我，信上面有这位学生想告诉我的一些事。她的儿子是一个需要接受特殊教育的学生，但在我的班上学习很努力。

当她和我一起读这封信时，我们都哭了。她的儿子告诉我，从他记事起，他就被列为“特殊教育学生”，他的老师总是对他另眼相看。但在那个夏天，在他成为我班上的一员，甚至在认识我之前，他就收到了我的信。

他说，从来没有人对他说过相信他；从来没有一位老师告诉过他，他也可以获得成功。五年级之前，他从来没有通过任何标准化考试。事实上，他觉得自己从未获得过任何成功。但是今年，他通过了所有的标准化考试。他相信他进步的唯一原因，是有人在遇见他之前，就对他说信任他。

时至今日，当我重新谈起这件事的时候，我仍然会泪流满面。**孩子们想知道，你在乎他们，**关注他们，倾听他们的意见，并且无条件地相信他们。

这个小男孩将会永远触动我的心，并提醒我，有时一个小小的举动也可以产生很大的影响，即使这种影响在短时间里看不到。

你正在产生影响

当你真正关心学生时，目睹他们身上发生的变化是一种奇妙的感觉——一种提醒你当初为什么要成为一名教师的感觉。当孩子们的心墙逐渐倒塌，或者他们的眼睛里重新焕发出光芒时，你就会知道你正在产生影响。

请你千万不要对学生关闭心门。永远不要放弃任何一个学生，不管有多难，也不管你尝试过多少次试图能接触到这个孩子的办法。我们必须记住，我们的学生值得我们信任。我们可能是唯一能够接触到他们的人，唯一愿意尝试这样做的人。我们可能永远也不知道给孩子的生活带来了怎样的改变，但请相信，你正在对他们产生影响。

敞开你的心门，邀请他们来了解你。倾听他们的意见，保持同理心，并与他们建立联系。永远不要关上心门，你的学生需要你这样做！

阅读与思考

1. 让你印象最深的学生是谁？谁是你今年特别想要接触和了解的学生？

2. 你和孩子们建立更深层次关系和联系的方式有哪些？

3. 你的生活是如何被最不可爱的孩子影响的？

第5章

选择打电话

Make That Phone Call

一个简短的电话就可以产生巨大的力量。我们曾见证过打电话对学生的积极影响，也曾亲身体验过这种力量。罗恩·克拉克（迪士尼年度教师，罗恩·克拉克学院的创始人）就曾在同一天给我们俩分别打了电话。

一个玩笑

一天早上，我（亚当）和托德在Voxer上讨论作为一名校长所面临的不同挑战。老实说，托德在某些事情上的表现倾向于非常戏剧化。于是我决定给他打个电话，开个玩笑。当他的办公室助理接起电话时，我告诉她我是罗恩·克拉克，找托德·奈斯洛尼先生。我刚刚在直播网站上，看到罗恩·克拉克为位于田纳西州的一所学校制造了惊喜。所以我决定假扮罗恩·克拉克，然后打电话给托德，看看会发生什么有趣的事。

不只是开玩笑

亚当知道我（托德）有多么崇拜罗恩·克拉克。他还知道，我最近刚与罗恩·克拉克学院的联合创始人金·贝尔登共进过晚餐。那天下午，我刚结束培训回到办公室，电话铃就响了。我接起电话，听到办公室助理说："是罗恩·克拉克打来的。"

我花了几秒钟，才使那种震惊到难以置信的感觉平息下来。

罗恩·克拉克？真的吗？

她问我是否要接电话。当然！接下来的我，就只知道我居然在跟"罗恩·克拉克"通话，他问我是否在学校，还告诉我他要开着他那辆红色的大车，来给我的员工一个惊喜！但当我听到他接下来的话时，我差点休克："我在开玩笑！是我啦，亚当。"好吧，亚当给我来了当头一棒！

接下来我做了什么呢？我把这件事发在了微博上，并@真正的罗恩·克拉克。罗恩·克拉克立刻点赞并评论。搞笑的是，他告诉我他曾给我们学校打过三次电话，但都没人接。我当然知道他是在开玩笑，但他又发了第二条微博，向我保证他是认真的。

我的电话又响了，这次是真正的罗恩·克拉克。我的教育英雄——一个从我初中起就尊敬的人——正在和我通电话，我们就像是老朋友一样，聊了大约15分钟，然后他问我要了亚当的手机号码，他告诉我，这样就不会和他的朋友托德搞混了。

一通神奇的电话

给托德打完恶作剧电话后，我（亚当）就回去工作了。当我正在看罗恩和托德在微博上的搞笑对话时，我的手机响了。来电显示对方号码来自佐治亚州——罗恩·克拉克学院的所在地。

这不可能——罗恩·克拉克居然会给我打电话！我们聊了15分钟关于教育、学生的话题，以及我们有多么热爱我们的工作。这虽然只是一个简短的电话，但真的太棒了。当我们说再见时，我感觉自己充满了灵感和活力。谢谢你，罗恩·克拉克！

我们俩为什么要分享这个故事？因为我们想说，一个电话就可以产生巨大的力量。有时只需一个电话，就能点亮我们的一整天，让心中充满希望。电话的力量是真实的、可预见的、重要的，而电子邮件则不具备语音的这种优势。

“向你致敬”卡片

我（托德）从今年开始制作“向你致敬”卡片。学校里有许多来自困难家庭的孩子，因此纪律问题很快就显现出来了。开学刚一个月，我们就已经被学校的纪律问题搞得筋疲力尽了。与学校工作人员进行了坦诚的交谈后，我们意识到，我们把太多的注意力放在了犯错的学生身上，却没有把同样多的注意力放在那些遵守纪律、做出正确选择的学生身上。

“向你致敬”卡片就是为了改变这种状况而诞生的。每位老师每周都会分发出8张小卡片，奖励孩子们做出了正确的选择。当一个学生收到贺卡时，校长会给他的父母打电话，告诉父母为什么要表扬他们的孩子，以及学校为他们的孩子感到多么自豪。第二天早上，所有收到“向你致敬”卡片的学生都会收到学校通知，并从中随机挑选20人，可以周末和校长出去玩游戏。

“向你致敬”卡片使现状得到惊人的改善，纪律问题减少了一半。是的，3天内减少了一半！我们可以看到，不光那些“总是表现得很好”的孩子可以拿到卡片；那些有时会表现糟糕的学生也得到了卡片，并因为他们做出的正确的选择而受到赞扬。

这件事情最好的一个环节是哪里？是给父母打电话！不光孩子激动地哭了，父母也激动地哭了，有时我们也会和他们一起开心地哭。打电话给父母，表扬他们的孩子这一简单的行为，不会让你付出任何代价。但是对于那些不常听别人说他们的孩子有多伟大的家庭——尤其是当夸奖来自学校管理者时——这些电话意义重大。

关注并表扬学生们做的好事

有一天，我（亚当）去一个五年级的教室闲逛，当时学生们正在绘制市中心的地图。一个学生特别积极地向我展示他的作品，并且兴奋地解释着他所绘制的地图中的所有独特的细节、地标以及创造性的补充说明。

他拿起学校分配给他的iPad，登录谷歌账户，给我看他的配图作文。我告诉他为什么不直接在谷歌上和我分享链接呢？他立刻就这么做了。

这个学生的作业让我很满意。同时我知道我接下来需要做什么——给他的家里打电话，在他父母面前表扬他。

作为校长，我最喜欢的消遣之一，就是在课堂上闲逛，观察学生做的一些非常了不起的事情，然后打电话告诉他们的父母。

于是我把这个学生带出教室，告诉他，我们要给他妈妈打电话。

他给了我他妈妈的手机号码，我们开着免提给她打了电话。像大多数父母一样，她在刚听到我的声音时有点紧张——直到我开始解释事情的缘由，她才激动地哭了起来，她告诉我她为儿子的作品、为自己身为儿子的母亲感到多么骄傲，她非常感谢我打电话来。

这件事简直太棒了。请相信我！

打电话永远别嫌多

教育工作者要做的事情很多，任务列表上的待办事项似乎是无穷尽的。但有一件事我们总也不想从清单上删除，那就是打电话给父母表扬他们的孩子。这是我们工作中最重要和最有意义的方面之一。我们相信，与学生和他们的家庭建立关系是至关重要的。每当打电话给父母时，他们总会感谢我们在百忙之中抽出时间关心他们的孩子。

打电话吧！永远别嫌多。花一分钟的时间告诉别人你在关注他们，这对他人来说是一种巨大的力量。花点时间和别人分享欢笑，问问他们过得怎么样，告诉他们做得很好；花点时间给学生家长打电话，告诉他们你看到了他们孩子的伟大；或者花点时间给没来上学的孩子打个电话，让他知道你有多喜欢每天看到他的笑脸。

在百忙之中抽出时间，打一个简短的电话，可以让世界变得不同。并非只能打给学生的父母，我们最近开始给学校员工的父母和家人打电话了。无论我们的年龄多大，当我们的父母或家人从他人口中听到我们正在做的伟大的事情时，都是一种很棒的感觉。

在和罗恩·克拉克打完电话之后，我和亚当两个人互相交流，分享那种兴奋的感觉，甚至还有一点点敬畏。罗恩·克拉克可能永远都不会知道这些，但他的召唤为我们的生活带来了巨大的改变。我们永远都不会忘记。

如果说，我们在和心中非常尊敬的人打完电话之后，会有这种感觉，那么当一名老师或校长打电话给家长，告诉他们关于孩子的积极信息时，他们会有什么感觉呢？他们会感觉很棒，因为你花时间表现出你的关心，你相信他们的孩子值得表扬。

经常给家长们打电话吧！打电话让他们表扬孩子们吧！所有的孩子都需要表扬！

阅读与思考

1. 你上一次打电话给学生家长，表扬他或她的孩子是什么时候？因为什么事？

2. 你有时间表扬每个孩子吗？他们都值得你给他们的家长打个电话。发现孩子的特别之处并赞扬他们吧。

第6章

提升领导力

Be a Leader Worth Following

几乎所有人都曾与一个没有领导能力的“领导者”共事过—— 一个没有掌舵能力却握有权力的人；也曾与那些只会吼叫、和他在一起像坐牢一样的人共事过。是的，我们见过各种各样的人！

当提到领导力时，我们喜欢用船打比方。不管船上有没有船长，船都能浮在水面上。但船的设计用途不仅仅是漂浮，它是为旅行而设计的。如果没有船长掌舵，船可能会被冲上岸，撞到什么东西，或者向相反的方向驶去。一艘船需要船长—— 一个能掌舵并把船驶向正确方向的人。每个船员也都需要一个知道如何掌舵的船长。正如圣埃克苏佩里（法国作家，代表作《小王子》）所说：“如果你想建造一艘船，不要把人们聚集在一起收集木材，不要给他们分配任务和工作；而是要教会他们，向往无边无际的大海。”

在一个有领导者却没有领导力的校园里工作——领导者无所事事、优柔寡断或争强好胜——是教学中遇到的最困难的事情之一。作为校长，我们认为学校领导积极参与课堂活动非常重要。行政领导需要花时间来共同授课或进行课程示范：组建小型辅导小组，与教师一起规划，组织课后辅导，与孩子们一起阅读，参与学校公车、校车和午餐供应等服务活动。

课堂上的领导者需要营造一个激励合作创新的环境，而且不仅仅是学生之间的合作创新；课堂领导者需要知道如何与学生进行有效沟通，需要知道什么时候推，什么时候拉；课堂领导者需要知道建立关系的重要性；课堂领导者需要树立勇于冒险和与众不同的榜样；课堂领导者也需要知道，站在教室前面讲课并不就能代表起到领导作用。

糟糕的领导者善于为自己找借口——比如他们每天必须完成的文书工作的数量之大，或者他们每天被打断的次数之多，或者其他占用他们时间的事情。他们抱怨每天所做的事就是不停“灭火”。但我们相信，如果你积极建立人际关系，与他人建立联系，“火灾”的数量将会大大减少。换句话说，积极参与课堂活动的同时，完成你的工作，是有可能的。这其中，当然会需要你有一些创意技巧，但这是值得的。当你仅仅只是躲在船长室里时——无论是老师的讲台后还是校长的办公室里——你都不是在领导，而是在管理。**真正的领导者是需要站在甲板上的，观察水面，指挥船只，并鼓励船员。**

成为更好的领导者的七个方法

1. 对你的教室、学校和学区有一个清晰的愿景。知道你的目标是什么，然后规划你成功的路径。

2. 要有足够的勇气，坚持做对孩子们最有利的决定。

3. 承认失败。太多的领导者害怕说“对不起”或“我错了”。我们都是普通人——即便是领导者，也会犯错。我们不得不在团队面前无数次地承认，“我搞砸了”或者“我需要为我的决定道歉”。这并不容易，但勇于承认自己的错误会赢得下属的尊重。

4. 尝试冒险，创造一个以创新为衡量标准的环境。领导者需要承担风险并挑战边界。原因如下：首先，这样做有利于学生；其次，你的下属会以你为榜样。但是，请记住，冒险必然会伴随着很多失败，不过没关系，只要我们能从失败中吸取教训就可以了。

5. 愿意依靠他人并寻求帮助。这很难，但却是必要的。太多的人认为，寻求帮助是无能或软弱的表现。并不是！

6. 给予赞扬，让别人发光。优秀的领导者从不会表现得成功都是因为自己的努力。优秀的领导者知道，如何让他人成为明星。

7. 做一个终身学习者。做一个不断学习和成长的人，同时鼓励别人也这样做。

关于领导者个人和职业发展的一个补充说明

如果一个领导者不学习，他会向他的员工传达出什么样的信息？如果学校管理人员不相信社交媒体，不愿意“接触”关于该地区消息的微博或博客，教师们会怎么想？如果领导者自己都不关注自己，又怎么能鼓励别人关注自己呢？

当领导者选择不学习时，员工得到的信息是，个人成长是没有必要的，使用社交媒体或其他技术工具也是不重要的。他们很难对使用这些工具感到兴奋；当他们想使用这些工具，却得不到来自领导层的支持时，会感到沮丧；当他们看到，邻近地区的其他学校管理者引领变革，与团队一起创新，向所有听众宣讲使命和愿景时，他们也会想要改变自己的学校，从而成为一支不断成长中的团队的一员。

当领导者不领导或者团队没有强有力的领导时，员工就会得不到成长，优秀的团队成员就会离开，去寻找有更多成长挑战的校园，去寻找一个真正的领导者。不要逼你的人跳槽，而是要和他们一起成长，让他们留在你的团队中。我们必须不断前进，不断成长，不断失败，不断跌倒，不断学习，不断进取，才能比以前更坚强、更聪明地站立起来！

无论你在学校里扮演什么角色，都要致力于成为一个值得追随的领导者。不要害怕挑战你的上级——问问他们正在学习什么。让他们和你一起去冒险，和你一起尝试新事物！

领导必须带好头，必须掌舵并控制好船只。

做好船长，确保你的船按计划行驶！

阅读与思考

1. 在推动同事成长和学习的同时，你是如何领导他们的？

2. 你是否害怕承认错误而不向同事道歉？你需要为哪方面的问题道歉？

3. 你最近领导得怎么样？为了成为一个更好的领导者，你需要改变什么？

第 7 章

做让学生能够感受到美好的小事情

Do the Little Things

我们可以从领导者身上学到很多：他们所树立的榜样可以帮助我们塑造自身和所做的决定；可以帮助我们成长，帮助我们提出新的想法和观点；可以帮助我们学习新事物，提醒我们忽略的一些小事，但这些小事往往会对我们的学生产生巨大的影响。下面分享一些我们最喜欢做的“小事”。

让别人觉得自己很重要

去年夏天，我（托德）在奥斯汀临时订了一晚的旅馆，是一家最近新开的快捷假日酒店。在我参加会议的第一天——入住酒店之前——我接到了一个来自酒店工作人员的电话。她告诉我，他们很高兴，我能成为他们酒店的客人，并询问，他们是否能在我到来之前做些什么，以确保我在这里过得愉快。

我大吃一惊。因为以前从来没有酒店在我登记入住之前，打电话给我并告诉我，他们很高兴我能入住，更不用说问我需要准备什么了！

当我抵达酒店的时候，工作人员的态度都非常友好，门卫马上跟我打招呼，同我握手，问我今天过得怎么样；前台职员也满面笑容。第二天早上，一张手写的纸条从我的门缝底下滑了进来，酒店经理在纸条上写道，希望我在这里住得愉快，并希望我能再次光临。

这些小事并不会花酒店多少钱，但它们对我却产生了巨大的影响。我甚至打电话给酒店经理，告诉他，他的员工带给我的感受有多么重要。几个月后，我仍在给大家讲述这件事。并且我保证，下次在奥斯汀住旅馆的时候，还会选择这家酒店。

我们同样可以让别人觉得自己对学校很重要，只需找到合适的方法，就可以使我们的教室成为地球上最受欢迎和支持的地方。试试下面的方法，让学校里的人感受到更多欢迎吧。

- 在开学前，给学生寄“欢迎回来”的信或明信片。
- 在教室里播放音乐。
- 给参观你的教室、做志愿者、捐赠物品的家长或其他人写感谢信。
- 打电话到学生家里，表达你的关心。
- 和学生或同事一起参加课外活动。
- 用击掌、拥抱或热情微笑的方式，向每一个从你门前走过的人打招呼。
- 经常举行庆祝活动和化妆舞会，形成让人们渴望回来的体验。

询问并记住学生的名字

有一年夏天，我（托德）和明尼苏达州的一位校长布拉德·古斯塔夫森，在芝加哥的教育研讨会共同度过了一个多星期的时光。在那段时间里，他做了一件让我印象深刻的事——他和我们访问过的每个机构的工作人员交谈时，都能说出他们的名字。他见到人的第一个问题总是："你叫什么名字？"不论是入住酒店，坐出租车，还是在餐馆吃饭，布拉德总是先问别人的名字，并且在整个谈话过程中，一直使用他们的名字称呼。

我相信，正是因为这一点，我们才能一直得到如此周到的服务。当我看到他和工作人员互动时，我意识到，对方身上有一种非常愉快的氛围。为什么？因为他们觉得自己被关注了。

服务行业吃力不讨好——几乎每隔一分钟，就会有客人抱怨。布拉德教给我，只需简单地叫出对方的名字就能表明你对他们的关心，并让对方觉得自己是该公司的固定员工，是一个重要的人。

我们的学生和同事也需要感到自己很重要！我们已经知道，叫出他们的名字会带来的积极影响，因为许多孩子已经告诉我们，我们能记住他们的名字是多么棒。今年，我们有一位老师哭了，因为她的领导五年来第一次正确地念出了她的名字。

记住你的学生和同事的名字，并使用他们的名字称呼他们。这能显示出你的关心。

关注那些孤单的学生

那些听过我（托德）的演讲，或者和我一起参加过小组活动的人，都认为我是一个活泼开朗的人。但事实上，在一群不认识的人面前，我可能会很内向。在只有我自己一人的房间里，我会选择坐在角落里喝水。如果你跟我说话，我也会跟你说，但我不会主动找话题。因此，当周围的人都在热切地互动时，我开始觉得自己像一个局外人。

一些来自全国其他地方的校长，教我寻找跟我一样的“孤独者”，并找到让我们感到被其他人所包容的方法。在教育会议上，当我试图开溜或躲在一张安静的桌子旁时，他们中的一个人就会找到我，要么和我坐在一起，要么把我拉回圈子里。

这种做法教会我，在某些情况下，也要为那些感到害怕、不值得或者像局外人一样的人做同样的事情，提醒他们，他们属于这里。他们需要有人伸出手把他们拉回来，或者只是和他们坐在一起。每个人都想被注意到，每个人都希望觉得自己对他人很重要。

这种做法也适用于我们的学生。我们经常看到，有些孩子独自吃午饭，课间独自玩耍，或者低着头走在大厅里，这样他们就不必看别人的眼睛了。他们的肢体语言清楚地表明，他们希望自己可以消失。作为教育工作者，我们的工作就是，关注那些容易被忽视的孩子。因此，我们喜欢和孩子们一起吃午餐。我们会走进学生餐厅，并且如果发现独自坐着的孩子，就去和他坐在一起。然后呢？其他的孩子也都想过来和我们坐在一起！这种互动也许可以消除孩子之间的隔阂。

为他人创造发言机会

在一次会议上，我（托德）组织了一个小组讨论会，但直到提交提案时，我还没有选择任何小组成员，而是把小组称为“科技忍者和他的朋友们”。

当我到达会议现场时，我只邀请了一部分认识的人加入小组。我并没有邀请著名的演讲者，而是邀请了一些参加过大型会议和教育研讨会的老师。因为我知道，当我尊敬的人邀请我谈话时，我的内心会深受鼓舞，我想把这种鼓励也传递给其他人。

在向大约1500人做了报告之后，其中一个小组成员的妻子眼含泪水地对我说：“谢谢你邀请他，这次邀请对他来说太重要了。”

我们接受教育是有原因的，因为有一些东西和知识是非常值得分享的。当你有了舞台、博客，或者社交媒体上的关注者，你就可以通过这个平台，让其他人发言，并分享他们的想法。

即使你没有大量的追随者，也可以鼓励别人谈论他们的想法。你可以创建一个校园博客，让员工每周分享他们的故事；或者每周制作一个视频，展示学生正在做的了不起的事情。社交媒体可以为你提供平台。用它来传播美好，分享美好，鼓励他人找到自己的声音。

收藏、转发和互动

通过社交媒体，我（托德）接触到了许多一直以来都很敬重的人——

他们在现实生活中总是被人群包围着，当我终于见到他们的时候，尽管我真的很想和他们拍照和握手，但我很害羞。去年夏天，我有幸在网上（以及面对面地）与这些教育英雄进行了互动：埃里克·瓦尔、托德·威特克尔、史蒂夫·斯潘格勒、戴夫·伯格斯、金·贝尔登、罗恩·克拉克、安吉拉·麦尔斯、莎乐美·托马斯·艾尔。他们收藏、分享、转发我的微博，给我发送“你做得太棒了”的信息，这些简单的举动，却对我产生了很大的影响。

今年夏天我最后一次做主题演讲时，组织者告诉我，“我们有很多演讲嘉宾，但是你做的一些事情，是其他人没有做过的。你给与你谈话的每一个人同样的兴奋感、同样的关注，和之前交谈过的100个人一样。你让每个人都觉得自己是最重要的人，好像他们是第一个来和你谈话的人”。虽然我以前从来没有想过，但我知道，我这样做，是因为每个人都应该感到自己很特别。我想让他们觉得自己很重要。

我们在校园里也同样这么做。我们用热烈的欢迎，来迎接每一个孩子——好像他们是世界上最重要的人。我们和大厅里经过的每个人交谈，我们一起微笑，一起击掌。这种积极的互动对校园里的成年人也很重要。与我们接触后，同事和学生家长都会感到自己更重要。

我们都觉得做这些事情很重要。这是我们的工作，也是你的工作。是的，在漫长的一天结束后，你只想回家放松时，很难有精力去微笑和交流，但这其实才是最重要的时候。我们很喜欢被人问道：“你是怎么做到在一天结束的时候仍然充满活力和快乐的？”因为我们必须做到！**每个孩子都应**

该感到自己重要。每个孩子都应该觉得自己是“最受关爱的”。

家 访

家访一直是我（亚当）最喜欢的活动。在我刚开始做学生家访时，通常是因为学生在教室里的捣乱行为，或是我们想要解决学生学业上的困难。但这些年来，家访已经逐渐演变成表扬式家访。

有时我会去家访一个在学校里取得巨大进步的学生，不管是在学业上、社交上，还是在行为上。有时去家访，是因为孩子在学校很难过，由于他们的父母离婚了，或者进了监狱，或者去上班，而孩子不喜欢保姆。

不管出于什么原因，家访都会带来惊人的影响。有时我会帮助孩子们打扫房间，和他们一起读书、打篮球或踢足球。我和托德曾见过一些行为消极的孩子，然而在家访之后，他们的行为发生了180度的大转变。为什么？我们相信，这是因为我们在他们身上投入了时间，他们看到，我们关心他们。我们也看到，那些最初就表现很好的孩子，在家访之后，更是从优秀走向卓越。我们的访问使他们渴望取得更大的成就。

花时间安排一次家访。孩子们将终生难忘！

擦桌子，倒垃圾

在我（亚当）还是副校长的时候，午餐时间总是很忙！从幼儿园到五年级有1200名学生，每天午餐持续两个多小时。是的，虽然我每天都穿着休闲裤、打着领带上班，但我会在午餐时间帮忙端盘子、擦桌子、倒垃圾。开始时孩子们总是问我，为什么我拿着一块破抹布到处走，还捡地上的垃圾。我就会告诉他们，“因为我是团队的一员”。

“但你是副校长。”他们争辩道。

“我知道，但我会协助整个团队。”我说。

当我离开那所学校成为一名校长时，后勤组长来同我道别，给了我一个大大的拥抱。她当了15年的后勤组长，说我是唯一一个会擦桌子和倒垃圾的学校管理人员。我真的很高兴，但我觉得没什么大不了的——我只是团队中的一员。

校园里的每个人都很重要。每个人都应该被倾听，感受到支持和鼓励。伸出援手，成为团队的一员！永远不要高高在上，而是要谦卑地服务他人。

和孩子们一起坐校车

在过去的几年时间里，我（亚当）在学校教授一些特殊的课程。其中许多学生会选择我们学区的公共交通，乘坐公共汽车往返学校。让我很烦恼的是，我从来没有机会在接送的时候和那些学生的家长交流。在和我们的交通主管打了几通电话，并谈了几次话之后，我终于被允许在早上6点坐校车一起去接孩子们。我对这件从未做过的事情感到不安和兴奋。司机在停车场一丝不苟地做好所有的安全检查，并确保我们也为学生们做好了准备。

我们的司机非常关心这些孩子！你可以从他们的声音中听到，从他们的行动中看到，从他们所做的一切中注意到。我们很庆幸他们是我们团队的一员。

当然，我的旅途中最精彩的部分是，早上可以在学生家门口看到我们的学生！他们看到我时都超级惊讶，他们的父母也同样震惊。能够与学生一起开始新的一天，并与他们的家人建立更紧密的联系，着实令人兴奋。

所有的教育工作者都应该花时间和他们的学生一起坐校车！小事真的可以改变世界。我们知道自己并不完美，不是这些方面的专家，但是我们在不断地练习，不断地学习，不断地进步。因为最终，孩子们需要我们这么做！

阅读与思考

1. 你学到了什么“小事”？
2. 为什么对孩子来说不断成长很重要？
3. 什么是阻碍你做“小事”的“大事”？

第8章

每天都以最好的状态面对学生

Leave It in Your Car

对学生来说，你的车比你想象的更重要。为什么？因为你要么把问题和烦恼留在车里，要么下车时把问题和烦恼从车里带出来，一直缠着你。想一想，我们可能都曾遇到过下面这些情况：

- 在家里度过了一个艰难的早晨
- 上下班的路上令人沮丧
- 昨晚收到了一封让人不安的电子邮件
- 有一个你并不期待的会议
- 感觉不舒服，但还没病到可以待在家里的程度
- 财务问题让你感到压力
- 和你的孩子、配偶发生了争执
- 仍在前一天的状态中挣扎
- 车没油了，轮胎瘪了，咖啡洒在衬衫上了

孩子们需要有一个活跃的成年人在他们身边，需要一个能随时准备与他们一起探索和欢笑的人，一个寻找神奇的人，一个充满活力的人。孩子们在家里要面对的问题，比我们意识到的要多得多。学校是他们的安全网，

是让他们感到安全的地方，是他们唯一真正的家。他们想要也需要我们这些教育工作者每天来学校，用爱、鼓励和希望包围他们。

把你的问题和烦恼留在车里。做个深呼吸，关注生活中积极的一面，不停地寻找希望。孩子们需要处于最佳状态的你。每天都做最好的自己。因为这棒极了！孩子们需要它！

阅读与思考

1. 如果你今天早上很糟糕，看看我的书，来获得一些动力。

2. 在进办公楼的路上找个同事，谈谈他们最近和孩子们相处的一些成功经验！

3. 明白每个孩子都是别人的“一切”，那么，你希望如何对待你自己的“一切”？

第9章

如何应对质疑

Dealing with Doubt

我们周围一直存在质疑的声音，但当这些质疑和怀疑真正进入我们的内心时，就会很难摆脱它。

- 我们是否为学生和老师做了足够的工作，来支持他们的工作？
- 我们是否以一种有意义的方式，与父母建立了稳固的关系？
- 这周我们出现了太多“问题”，我们的校园没有发生任何积极的事情。
- 我能做这份工作吗？我适合这个工作吗？换个工作不是更容易吗？
- 显然每个人都比我做得好。他们拥有一切。
- 也许这不是我想要的？
- 这太难选择了！

怀疑会让人感到沮丧，我们都很清楚这种感觉，有时会让我们很失望。但我们一直试图在黑暗中，找到指引我们前进的光明。我们发现，即使在最黑暗的时刻，似乎没有出路的时候，也总会有一盏灯在前方点亮。

虽然你可能会听见各种质疑的声音，但事实是，这些孩子们需要你！他们的父母需要你！你的同事需要你的精力、想法和学习的激情！老师需要你的激情和魔力，为孩子们创造美妙的体验，点燃他们的火花，激发并保持他们的热情！我们每个人都有令人惊叹的天赋，供我们周围的人了解和学习。不要怀疑这一点。

相信自己很重要

2015年秋天，我（托德）在韦伯小学（Webb Elementary）担任校长的第一周，充满了各种惊喜——老师们上的课很棒，与孩子和家长有很好的互动——的同时，对我来说也是难以置信的挑战。

这是一个比我以前在的纳瓦索塔中学更大的校园，有更多的孩子，更多的员工，更多的家长，更多的年级。包括新增加的学前教育在内，我们共有750个孩子，然而我目睹更多的心痛和痛苦，更多让我心碎的家庭生活。最重要的是，由于学区和校园的种种变化，我不得不在社交媒体上或当面面对来自父母的敌意，这比我以往在教育生涯中遇到的所有问题加起来还要多。我为此付出了很大代价。

随着压力的增加，我开始怀疑自己。

怀疑的力量经常会控制着我们。我们会怀疑，自己是不是一个好的配偶、朋友、兄弟、姐妹或父母。我们会怀疑，自己是不是一个好老师。我们会怀疑，自己是否真的知道自己在做什么。如果答案是否定的话，我们就会怀疑自己的才能、技能和天赋。

怀疑能把我们撕成碎片。如果任其发展，怀疑就会摧毁我们。我在网上看到或听到一些针对我的消极和破坏性的话语后，我会开始怀疑，我是否真的那么不受我所在社区的家庭的欢迎。我会开始怀疑，我的存在和工作是否重要。

我一直告诉我的团队，我们韦伯小学的每一个人都很重要。事实上，我每天都会花时间提醒别人他们的价值。有趣的是，我忘记了自己的价值。

于是，我做了我一直以来建议别人做的事情：我找到了解我内心的朋友和同事。和他们一起哭泣，一起祈祷，让他们一起分担我的痛苦和挣扎。他们鼓舞我，他们直言不讳地让我振作起来，提醒我是谁。

点燃希望，压制怀疑

我（亚当）必须承认，有时怀疑会笼罩着我，持续几天或几周。我试着去战胜它——我总是希望能战胜它！

- 倡议太多
- 电子邮件太多
- 提交的表格太多
- 需要关注的新项目太多
- 太多的旧项目未得到充分支持
- 会议太多——总是太多
- 谈论太多没有教育意义的事情，比如停车场、房屋、围栏、签到和各种表格
- 监管力度不够

- 没有足够的乐趣
- 没有足够的时间安排激动人心的活动
- 没有足够的时间和孩子们交流

这些事情都会带来那种令人不知所措的感觉。

即使很早就开始上班，或者工作到很晚，仍然不能把所有的事情都做完，这是很烦人的。没有足够的时间去陪伴家人。不知所措的感觉就好像人在水中挣扎，一会儿头朝上，一会儿头朝下，反反复复！

不知所措会导致诸多自我怀疑。因为我时常与怀疑作斗争，所以我学会了不让它在我的生活中扎根。战胜它的方法是，让周围的人提醒你，你很重要，你的工作很重要，你正在对他人产生影响。和那些能让你振作起来的人保持联系，他们庆祝你的每一次成功。**即使是最小的成功也值得庆祝**。这些小的成功可以产生微小的希望的火花。对这些微小的希望的火花加以培养，最终就会变成一团火焰，压制你的怀疑，点燃你的希望。

当你在怀疑中挣扎时，问问自己：正在做的工作中有意义的部分是什么？最重要的是什么？从哪里得到最大的回报？

你可以在课堂上找到这些问题的答案——和孩子们一起，了解他们；和老师讨论课程安排，讨论如何让孩子们对学校更感兴趣。通过建立与家长的关系，以加强家庭与学校的联系。最重要的是，能帮助孩子们变得自信——向他们展示什么是可以实现的，向他们展示我们相信并关心他们！

当你感到自我怀疑的时候，不要让它在你的心里占上风！看着镜子中的自己，提醒自己，你是多么的独特和重要。然后联系那些鼓励、支持你的人！请在Twitter或Voxer上与我们联系。我们需要你！你也需要我们！没有人能独自完成这项工作——我们需要互相支持！

阅读与思考

1. 是什么让你怀疑自己的能力？

2. 你如何战胜怀疑的感觉？

3. 支持你的人是谁？花一些时间认识他们，赞美他们，感谢他们。

第10章

每个孩子都需要一个支持者

Everyone Needs a Cheerleader

如果你和孩子们一起工作过一段时间，就能知道他们面临的斗争。和孩子们合作得越多，就越能看出，他们中有多少人没有得到鼓励和支持。你要告诉他们，他们有多了不起，相信他们，并温柔地推动他们前进。

当你研究成功人士的传记时，你会发现，无论是名人、运动员、作家、艺术家、政治家还是企业主，他们中的许多人，都把自己的成功归功于那些在他们成长过程中投入时间和精力的人，那些为他们欢呼的人。

无论如何，我们必须想办法鼓励和支持我们的学生，让他们知道我们爱他们、相信他们，并且会支持他们。我们要成为他们的啦啦队长！我（托德）最喜欢的TED演讲之一，是丽塔·皮尔森（Rita Pierson）的《唤醒每个孩子心中的冠军》。丽塔·皮尔森，是一位有40年教龄的老师，她讲述了这样一个故事：

有一次，我出了一个小测验，总共20道题。一个孩子错了18道。我在他的卷子上写了个“+2”，画了一个大大的笑脸。

他说：“皮尔森老师，这是不及格吗？”

我说：“是的。”

他接着说："那你为什么还给我一个笑脸？"

我说："因为你正渐入佳境。你没有全错光，还对了两道题。我们复习这些题的时候，你会做得更好吗？"

他说："是的，老师。我可以做得更好。"

大家看，"−18"让人感觉想死。"+2"则意味着，"我没有那么糟"。

这是个很棒的例子！对我来说，成长充满了起起伏伏。我在动荡不安的家庭环境中长大。父母每天吵架，爸爸每天喝酒，经常不在家。我从未觉得自己属于任何地方。虽然我不太记得我的童年，但有一个人我记得很清楚，那就是我的奶奶。

在我的整个童年中，无论发生了什么，奶奶总能为我提供一个落脚点。我和弟弟几乎每个周末都会去看望爷爷奶奶。奶奶和我一起做饭，她教给我所有关于烹饪的知识。她还向我灌输对读书的热爱，每次我去她那儿，她都带我去书店买书。她教我使用Microsoft Word和Excel，还让我自己制作名片。她是我最爱的人。最重要的是，奶奶是我的啦啦队长。

每次我去奶奶家，她都告诉我，我有多独特，我对她有多重要。她告诉我，不管别人怎么说，我都要做伟大的事情。由于我的幼稚和天真，我相信她。我觉得和她在一起的每一刻，我都是世界上最重要的人。

在高中和大学期间，我一直与奶奶保持联系。每当我的人生中发生大事时，我都会给她打电话，她会为我庆祝！她让我把我写的每一篇文章都剪下来，把我在学校做的每一个项目或写的论文都保存下来。然后她会带着这些作品，告诉其他人，她是多么为我感到骄傲。每次我和奶奶在外面时，她都会告诉别人："你知道这是谁吗？这是我的孙子，托德。他要改变世界！"虽然我会有点尴尬，但更多的却是因为有人为我感到骄傲而自豪。

在我的职业生涯开始后，每当我有好消息或者做出了成就，都会第一个打电话给奶奶。她总是告诉我，她为我感到骄傲和兴奋，即使她不知道我取得了什么成就。当我去看她时，她总是问我："你现在在做什么了不起的事情来改变世界？"

在我教书的第六年，奶奶被诊断出患有胰腺癌。我奶奶是个战士，她非常坚强且不服输，当她被确诊时，她发誓要与病魔抗争。她做到了。

但是在与病魔战斗了将近一年半之后，她精疲力竭，厌倦了战斗。爷爷打电话告诉我，他把奶奶送到了医院，因为她拒绝吃东西或吃药。他不知道她能活多久，她也不跟任何人说话。

我马上开车过去。坐在她的床边，握着她的手，告诉她我有多爱她。她闭着眼睛躺着，缓慢地呼吸。当她睁开眼睛的时候，我想拥抱她，跟她说再见。她低声对我说："再见，托德。我真为你感到骄傲。我很抱歉。"我强忍着泪水才没有当场崩溃。虽然我已下定决心要坚强，但跟她道别是我做过的最艰难的事。

那是我最后一次见到奶奶。大约一周后，她去世了。爷爷问我，是否愿意在她的葬礼上为她写悼词。我怎么能说不呢？我想向我的奶奶致敬。现在回想起来，那情景还恍如昨日。我站在一个挤满了人的教堂前，谈论奶奶是一个多么了不起的女人，泪流满面——这是我从来没有做过的事。

奶奶教给我的最重要的事情是，总会有人为我们加油打气。奶奶一直是那个会为我庆祝和给我鼓励的人。奶奶去世后，有很多次，我仍然想抓起手机打电话给她，分享我的好消息。我会经常想念她，但我也想把她教给我的东西传承下去。我想赞美周围那些正在做大事的人。我想提醒他们，他们在这个世界上有多重要，我有多相信他们，我有多在乎他们，因为奶奶也曾经那样为我做过。

鼓励、支持孩子

我（亚当）4岁的女儿喜欢在单杠上玩耍。因此我们不断地寻找新公园，从而尝试更多不同的单杠。一天早上我们去朋友的学校，她在院子的另一边发现了那里有一些超长的单杠。然后骑着自行车过来。

“爸爸，我想试试那些单杠！”

“当然可以，我们去吧。”

等她开始爬梯子后……

“爸爸，我很紧张，我做不到。你要一直抱着我的腿啊。”

“不会的，葛丽塔。你能行！开始吧！”

“我不行……”

“是的，你可以！现在开始吧！”

她做到了！在我的鼓励下她独自一人爬了上去！她现在感觉怎么样？

她很自信、自豪，觉得自己有能力，很特别，好像她可以尝试任何事情。

她需要的只是一个啦啦队长。

我认为，缺乏成功的原因，与其说是害怕失败，不如说是缺乏鼓励。我们需要彼此，没有人能独自完成所有的事情。

我们必须相信我们的孩子！

我们必须鼓励我们的孩子！

我们必须激励我们的同事！

我们必须鼓励身边的人！

如果我们都保持信心，互相鼓励，我们在一起会更好！

我们有能力摧毁或成就那些每天走进我们生活的孩子。但可悲的是，我们服务的很多孩子都不相信，我们是真的在乎他们。

学生会在情感上推开你，与你对抗，考验你。为什么？因为在他们的生活中，他们已经让你失望了很多次。他们认为，如果他们使劲与你对抗，你也会放弃他们。

请不要放弃！唤醒每个孩子心中的冠军。赞美他们，无条件地爱他们，做他们的啦啦队长。因为所有的孩子都需要鼓励！

阅读与思考

1. 在你小时候，谁是你的啦啦队长？

2. 你的言行对谁产生了积极影响？

3. 我们怎样才能确保我们产生了重要的影响？

第11章

向他人传递积极的信息

What's Your Message?

我们所说的话，做的事，都会传递出相应的信息。这些信息是如此微妙，以至于我们都没有意识到；又或许它是如此普遍，已经成为一种习惯。例如，当你在走廊上看到某个学生或同事，并认为他们做的事情是消极的时，你的肢体语言就会传递一种信息。或者当你在员工休息室和那些习惯抱怨的人一起吃午饭时，你也搭上了消极列车。你也许会认为这时插句话没什么大不了的，你甚至可以理直气壮地说："只是一些评论而已，能造成什么伤害？"

我们不得不承认我们偶尔会陷入"抱怨模式"。但我们必须非常努力地去使我们周围充满会说真话的人，他们会告诉我们什么时候需要调整态度。

别误会我的意思。我们都有需要发泄的艰难的日子，需要倾诉心声的日子。这种情况无可厚非，只是要确保当你发泄的时候，是对着那些与你很亲近的人，那些能认真倾听并且能提供意见和建议的人。

我们知道，近朱者赤，近墨者黑，所以要留心你的周围都有些什么人。当你遇到麻烦，找不到问题解决方案时，这些人不会逃避或者拒绝打电话给你。当你沉浸在消极情绪中时，这些人会大声提醒你，帮助你找到希望。

学校或课堂的领导者影响着学校或课堂的气氛。如果领导者们采取消极抱怨的态度，那么其他人很快也会采取消极和抱怨的态度。这么做不仅破坏情绪，拖累别人，最重要的是，会把别人推开。因此，作为领导者，我们必须树立好的榜样。

你的一举一动都会被他人注视，你的一言一行都会被他人倾听。这就是注意你的肢体语言、语言所传递出的信息是如此重要的原因。

抱怨，发牢骚，或者指责他人的错误都很容易，但如果我们能发出一个与此类信息不同的信息呢？如果我们只专注在自己能控制的事情上呢？如果我们花更多的时间帮助塑造别人，而不是摧毁他们呢？**如果我们关注积极寻找解决方案，而不是抱怨出了什么问题呢？**如果我们花时间去了解过去的情况，花时间去理解它的本质，会怎么样呢？

当你花时间，去真正倾听和理解别人的信念、经历和故事时，你就是在告诉他们，他们经历的事情很重要，非常重要。世界和生活瞬息万变，我们常常忘记停下来。花时间坐下来倾听，让你有机会进入同事和学生的世界。

孩子们能听到、看到、感觉到你的信息，即使你认为他们不能。他们甚至会在你什么都没说的时候，就收到你的信息。就算你只是静静地站在一旁，都能传递出一个强有力的信息。

传递积极的信息，让你传递的信息意义深刻。让你的信息以学生为中心，让你的信息关乎成长、学习和美好！

传递积极的信息，因为孩子们需要它！

阅读与思考

1. 怎样才能把你听到的负面评论变成积极的信息呢？

2. 你如何赞美或认可那些传递积极信息的人？

3. 你如何保护自己不被别人的负面信息所影响？

第12章

教学生如何应对校园霸凌

The Truth about Bullies

我们经常听到霸凌的说法，但霸凌并不是最近才开始的。我们可能还记得，在孩提时代被人取笑的某些时候。无论是因为我们的体形、朋友、课外活动、个性还是声音，我们都曾被嘲笑过。

你还记得小时候被人叫外号的感觉吗？是的。我们记得，当霸凌的话听起来像是事实的时候，内心所受的煎熬。当你回首往事时，可能需要花费很长时间，才能意识到那些关于你的可怕的事情都不是真的。也许更难意识到的是，这些话是对霸凌受害者内心的伤害。

面对霸凌时，你该如何做

我（托德）之前从未经历过霸凌，直到我成为一名校长。当然，作为一名教师，人们对我说过刻薄、伤人、虚假的话。每个教师都曾经历过这样的时候。作为一名学校领导，不是所有人都对我所做的一切感到满意。我知道，无论我做什么选择，都会让一些人不开心。作为一名教师，我曾这样想过，作为一名校长，我可能会让更多的人失望。

有趣的是，我所经历的霸凌事件并非来自学生或家长，而是来自一个更亲近的人——一个曾经参与过我们学校发生的所有事情的人。

这个人一遍又一遍地给我发短信，说的是我这么多年来听到的最可恨、最不真实、最具破坏性的事情——说我不虔诚、不是个基督徒、说谎、愚蠢、无知、有害，甚至更糟——这是我做梦也想不到的事情。这个人把我的家人和身边工作人员的生活都搅得一团糟，简直不可理喻。

面对着这一切，我选择了沉默，没有回复任何短信，不想卷入一场口水战。但后来我又想起，当一个人感到不快乐时，是如何产生痛苦的。我一直相信“受伤的人会伤人”这句话。最终，霸凌停止了。这不是一夜之间发生的，事实上，这花了将近一年的时间。但我明白了，在那种情况下，我能做的最好的决定，就是不卷入这场口水战，而是通过屏蔽短信的方式来阻止那个人。这件事也影响到了我们的校园生活。我的团队很快就意识到，我不会让外部（或内部）的人来毁灭我们。孩子们需要我们的关注，我们也是这么做的！我保持一种平静的心态，知道自己没有参与任何霸凌，相反，我选择了走正道，并从这次经历中学习。

老师也可能会霸凌学生

在我（亚当）还是一名教师的时候，我总会在课间或午餐时间和我的学生一起出去走走。当然，其他孩子也会来参加我们的足球比赛，玩四格游戏，或者只是聊聊天。一个学生总是和我聊天，跟我击掌，和我保持良好的关系。我看得出他是个需要关心的孩子。虽然他不在我的班上，但是我们马上就互相“加了好友”。

他来自三年级的另一个班级，每天都过得很艰难。他的老师总是对他大喊大叫，甚至把他赶出教室。在我看来，这个老师是个恃强凌弱的人。我想为这个学生辩护，因为我相信他受到的待遇是不公平的。任何一个教育工作者都不应该如此无礼地对待孩子。

5月份的时候，校长告诉我们，我们要在第二学年开始上三、四年级的联合课，并邀请老师志愿来教课，会上，没有老师举手。会后，我告诉校长，我可以来教这门课。但我只有一个条件：我希望这个学生出现在我的班上。如果他不上我的课，我就不教了。

到第二学年的时候，我们开第一次家长会，这个学生也在，因为我总是让学生参加会议。我告诉他的父母，他是多么了不起，我多么喜欢他的想法、他的精力、他的激情，等等。他妈妈就在我们面前哭了。

当我和他的父母单独谈话的时候，那个学生走到外面，他显得很兴奋。显然，以前的家长会并不是这样的。就我个人而言，我认为**所有的会议，都应该包括表扬孩子们及其优点的环节**。归根结底，关键是要最大限度地发挥孩子们的优势，而不是让他们失望或难过。

当那个学生出去之后，我告诉他的父母，我是故意让他来上我的课的——而且是没有任何商量的余地的，因为我想保护他。他的父母不敢相信，但我告诉他们，这就是我成为一名教育工作者的原因——帮助孩子们茁壮成长。

几年后，这个学生来探望我。他已经是一名高中生了，正在申请大学，等待大学的回复。这一次，我成了那个泪流满面的人。看着孩子们逐渐成长为他们最好的样子，依然是我成为一名教育工作者的原因。**我们必须鼓励我们的孩子，支持他们，帮助他们发掘所有的潜力！**

我们之所以写这一章，不是为了分享我们的痛苦，而是希望当你读到这一章时，思考你曾对别人说过的话、你给别人发过的短信、你写过的关于他人的事情。我们都曾被别人伤害，但我们没有必要通过进行猛烈的抨击来反击，那样只会将痛苦持续下去。不管被贬低的这个人有多么坚定的内心，他最终都会开始怀疑自己的价值。我们都经历过这种事情。我们会开始怀疑自己的价值，怀疑自己究竟在做什么。我们知道那是什么感觉，也清楚它给我们留下的痕迹。

你可以选择让你收到的那些霸凌信息来定义你，你也可以选择让周围的人真正了解你、关心你。远离霸凌伤害的道路并不容易，曾经受过的伤害也不会完全愈合，但你可以从中学习、总结经验。我们学到的最重要的一课就是，不断地表达爱，因为最终，爱会战胜恨。从遭受的霸凌中得到的另一个重大收获是宽恕。我们学会了给予。我们得到的宽恕远远超过了我们应得的，那么，我们怎能不原谅那些伤害我们的人呢？我们必须这样做。宽恕不是释放霸凌者，而是解放我们自己。

阅读与思考

1. 你还对哪些由于别人的评价而对你造成的伤害或执念放不下？

2. 你感受过宽恕他人的过错而获得的自由吗？它对你产生了什么影响？

3. 在感到愤怒或受到伤害时，你用什么方式表达爱或韧性？

4. 我们如何利用有关霸凌的个人经验教训，来教育我们的孩子？

第13章

把决定权交给学生

Put the Bat in Their Hands

幼儿园的孩子还太小，不适合学写字。

他们还太小了，不能学习编程。

你为什么要教五年级学生发微博？

让一年级学生写博客？他们连拼写都搞不定！

我们不能让孩子们上网——孩子们会做坏事的。

也许你的学生可以做这些事，但我的学生不能。

我不喜欢那些工具。我的学生不需要使用它们。

他甚至连一本书都不会读！又怎么会对制造电路板感兴趣？

我不能带我的学生出去学习。他们需要处于正确的学习环境中。

如果我给他们一个iPad，他们可能会弄坏的。

如果我没有一直在讲课的话，他们就通不过考试。

借口。不信任。限制。

很多时候，并不是学生在限制自己，而是我们这些教育工作者在限制学生。我们告诉他们，我们认为或相信他们能做什么，不能做什么。

成立一个编程俱乐部

4年前，我（亚当）开始教一门编程课，当时编程还没那么重要。初衷是希望孩子们接触代码编写，看看他们能做些什么，看看他们能否应付得了。

我匆匆制作了一张宣传表格给我们学校的社团。我不太确定，是否有孩子愿意报名参加我们早上7点在计算机实验室举办的招新会。令我喜出望外的是，一共有28名学生报名参加了我的课。老实说，我真的不知道自己在做什么。我只知道孩子们能和我一起学习，我感到非常兴奋，我所做的就是给他们机会和鼓励。

几年过去了，很难想象没有编程课的话，我的学校现在会是什么样子。编程仅仅是个开始，是一个具有前瞻性和创新性的开始。编程不只是关于电脑技术的项目，还可以让孩子们有机会接触到相关的想法，为孩子们打开一扇门，看到自己的能力。

在你的校园里成立一个编程俱乐部或编程团队吧，点燃学生对学习和探索的热爱！

相信孩子并赋予他们决定权

想象一下，如果我们不再限制孩子们，而是把决定权交到他们手中，他们会怎么做。在我们的支持和指导下，孩子们会竭尽全力的！除非你愿意让孩子们去尝试，否则你永远不会知道他们到底能做什么。

我们必须相信孩子，并赋予他们力量。**我们必须消除对孩子们的限制，**为他们敞开一切可能的大门。我们必须给他们发言权。我们需要看看他们能做什么，而不是先假设他们不能做什么。

因为成年人说“不”“不能”“不应该”“不会”或“你还不够成熟”，导致有多少学生的潜能是永远无法被发掘的？仅仅因为成年人不愿花时间听孩子们说话，孩子们的潜能就被忽视了。

《圣经》提摩太前书4章12节说：“不可叫人小看你年轻，总要在言语、行为、爱心、信心、清洁上，都做信徒的榜样。”

教育工作者需要拒绝说“不”“不能”“不应该”“不会”或“你还不够成熟”，我们应该始终倾听孩子们的心声。我们应该给学生最好的，尽管有时这意味着我们可能需要放弃一些控制力，把决定权从我们自己手中拿走，交到孩子们手中。给孩子们一个展示自我的机会。这是他们所需要的。

阅读与思考

1. 你如何为孩子们敞开大门，帮助他们充分发挥潜能？

2. 假设你相信低年级的孩子们也会找到一种方法来参与高年级的活动，你会如何做？

3. 如果你的领导不支持让孩子们掌握部分控制权，你能做什么？

第14章

你永远不知道的

You Never Know

我们每个人都有自己的故事。有些故事比较长，充满了心碎和痛苦；有些故事则充满了爱。每个人都有故事可以分享。每个人都充满了感情、个性、希望和梦想。而对于每个人正在进行的战斗，别人通常都不知道。

我们的学生也是这样。**每天早上从你身边走过的学生中，有多少人在他们到达学校10分钟前，刚从一所混乱不堪的房子里走出来？**有多少人前一天晚上还在处理混乱的情况？有多少人在过去的两周内一直充满了挣扎？有多少人是在父母吵架或闹离婚的情况下上学的？也许他们的父母正在出差，所以他们想念家人。也许有些人与兄弟姐妹打了架。也许有些人晚上睡不好，压力很大。

还有一些人无法与学校里的其他人建立关系，根本没有朋友；课程对一些人来说太难了，或者课程对有些人来说太无聊了；别的孩子对他们很刻薄；一些人的老师不好。

他们没有吃早餐；他们昨晚没吃晚饭；他们的兄弟姐妹很难应付；他们不像学校里的其他人那样受欢迎，有时会觉得被冷落，他们觉得没有人关心他们；他们不能完成家庭作业，因为就在前一天晚上，他们还必须为家人做饭；他们每天早上都需要第一个起床，为所有的兄弟姐妹做好准备；又停电了；又停水了；街上又发生了一起枪击事件；房子里没有干净的衣服；爸爸又走了，妈妈又走了；他们最喜欢的宠物死了；他们的父母说他们很愚蠢……

当他们经过学校大厅时，甚至没有人注意到……

作为教育工作者，我们的责任是善待他人并认可他人。更重要的是，我们很荣幸能和孩子们交谈，倾听他们的心声，在他们需要的时候和他们一起坐在地板上，一起吃午饭。

与孩子和家长建立联系，让他们觉得自己被关注，让学生有机会发声，这就是我们的快乐。关心孩子是我们的荣幸，要让孩子们知道，他们对这个世界有多重要，增强他们的信心。我们的工作是专注于孩子们，而不是电子表格。如果我们还记得，当初为什么要进入教育行业，我们就能做到这一切！

我们必须有意识地与学生进行积极的互动，因为我们不知道他们正在经历什么，也不知道我们的互动如何或何时会对他们的生活产生积极的影响。

不仅仅是对我们的学生这样做，想象一下，如果每个成年人都有意识地关注和重视他人，学校会发生什么积极的变化；想象一下，如果每个人都知道，自己是某件事情的重要组成部分，他们会作何感想。

我们都感受过，在学校里和路过的每个人打招呼的巨大力量。保持微笑，问问学生的一天过得怎么样，体验倾听的力量。

你永远不知道，一句简单的话或一个简单的动作能产生的威力。最小的石头掉进最大的湖里，也可以在几英里外激起涟漪。我们不能低估我们的影响力、影响范围和潜力。我们必须记住要倾听，要保持积极的态度，要以我们希望的方式对待每个人！这样做的话，孩子会受益，老师会受益，家庭也会受益！

亚当在他的办公室里贴了一张海报，每天提醒自己，提醒老师，提醒父母，提醒学生："努力工作，善待他人。"但我认为应该还有更多的含义，"因为，你永远也不知道这会对他人产生多大的影响！"

阅读与思考

1. 你是如何感受到被关注的力量的？感觉如何？它是如何改变你的？

2. 分享一个你在某人身上花时间，然后感受到"涟漪"的时刻。

3. 今天花点时间去鼓励你的同事，分享你的创意！

第15章

我希望你知道的

I Wish You Knew...

每个人都有一些别人可能永远都不会知道的故事，也会有一些希望别人可以知道的故事。我们都希望能被更多的人理解。同时，我们也相信让他人发声的力量。因此，我们向来自世界各地的学校管理人员、教师、家长和学生发出邀请，通过电子邮件、博客帖子、Twitter、Facebook和其他社交媒体发布了一个谷歌表单，以征集尽可能多的不同答案。

我们问了一个简单的问题：你希望更多的人来了解关于你的什么？

答案是有力的，甚至是有些令人心碎的。

来自孩子们的答案

我希望你知道：

- 我愿意做任何事情，来迁就我的同龄人，我希望你（我的老师）喜欢我。
- 上课时，我们中的一些人会紧紧抓住手机，因为我们用手机联系的人为我们提供了一种前所未有的安全感。
- 我们更容易被嘲笑、窃笑和扬起的眉毛等这些态度和细节所霸凌，而不只是通过言语或身体上的方式。你无法阻止这些行为，但你可以帮助像我这样的学生——低着头走路，戴着耳机，让音乐淹没我们的周围。

- 如果你愿意问关于我的故事的话，我很乐意告诉你。
- 我多么喜欢你做我的老师。
- 我学习多么努力，只是为了勉强及格。
- 我的名字怎么发音？
- 我希望你能像家人一样与我们互动。
- 当我在家庭问题中挣扎时，很难把学校放在第一位。请你做一个能理解我的人。
- 我非常想念我的妹妹。有时我真的很难过，有时一整天都很难过。
- 这个教室是我唯一感到安全的地方。
- 我们很多学生都在经历困难时期。
- 我们需要你的持续支持。
- 我们需要你明白，我们和你一样，也有繁忙的日程安排。
- 每个人都是特别的，不管他是什么宗教、肤色或种族。

来自父母的答案

我希望你知道：

- 当你想了解我的孩子时，例如什么让他兴奋，什么让他悲伤，这对我来说意义重大。

- 简单介绍一下我孩子的背景，比如他的两个哥哥一直住院，他的爸爸一直出差。在这样的情况下我如何能帮助他。
- 我的孩子是我的一切，如果他误入歧途，我希望你能帮助他。
- 我会支持你，尤其是当你支持我的孩子的时候。
- 花时间了解我的孩子，因为他改变了我的生活。
- 我害怕家庭作业。在工作了一天后，我想和孩子一起度过一段有质量的时光。我宁愿和她一起读书，帮助她学习，教她做饭，或者做我们自己的学习项目。但恰恰相反，我们每晚为了几个小时毫无意义的作业而繁忙甚至争执。我希望你知道，今年的家庭作业正在破坏我和孩子之间的关系。我希望我们能真心期待每天晚上的作业。
- 她不仅仅是一个“多动症儿童”。她聪明、有创造力，而且非常出色。她的大脑运动得比身体还要快。她不仅仅是个“标签”。
- 有时生活会妨碍我成为孩子的第一位老师。我知道，我有责任在各个方面教育我的孩子，但有时我没有足够的时间。
- 我努力教我的孩子有礼貌，但她有时就是不听话。我不是一个坏家长，她也不是一个坏孩子。她可能会犯错误，注意力集中时间也比我们成年人短。
- 我真的很欣赏和珍惜老师们为向我的孩子灌输知识所做的努力，以及老师们鼓励他成为一个更好的人。当老师们告诉我们，他们每天和我的孩子们在做什么时，这真的意义重大。

- 我能看到某些老师和教职员工比其他人更努力地工作。
- 我每天都有这样的感觉，当我的孩子回家时，我很沮丧，因为学校里其他一些女孩一直在削弱她的信心。我们用尽一切努力，让她明白那不是事实，但痛苦对她来说是真实的。

来自老师的答案

我希望你知道：

- 我无时无刻不在尽我最大的努力，帮助每一个学生在学业、社交和情感上成长。有时候我觉得，我尽最大的努力还不够大。
- 我半夜醒来，还在想着如何帮助孩子们。
- 我想成为一名教师。我之所以还没有成功，是因为，就像一些人开玩笑说的，“我想不出其他更好的事情去做”，或者“我不够聪明，不能做更好的事情”。
- 我花费了很多时间，甚至不得不远离自己的家庭，以确保我教的120个孩子都有机会发光、成长和成功。
- 我希望我的学生勇敢无畏，勇于尝试新事物。我希望他们永远不要害怕犯错，因为他们勇敢的行为会激励他人尝试新事物。他们的行为会告诉别人，犯错是被允许的，这正是我们学习的方式。
- **我们与学生成为一个大家庭。我们有时笑，有时想放弃，但我们始**

终是一个团队。

- 最重要的是：我爱我教的孩子。
- 我喜欢为学生开启知识之光。
- 我爱那个对什么都不在乎的学生，因为我知道我可以改变他。
- 我爱那个感到无聊的学生，因为我知道我能引起他的注意。
- 我爱那个充满激情的学生，因为我知道我能点燃他的学习热情。
- 我爱这个充满矛盾的学生，因为我知道我能帮助他找到突破的方法。
- 我爱这个有纪律问题的学生，因为我知道他想要的只是被倾听和理解。
- 我爱你的孩子，就像爱我自己的孩子一样，我只想培养一个热爱他人的终身学习者。
- 我爱所有的学生。我从来没有忘记当一个孩子的感觉。我小时候最想要的就是被爱。所以我爱我的学生，尊重他们，善待他们，就像我年轻时希望自己被人爱一样。
- 爱是最强大、最积极的情感，我非常幸运，能够通过教学自由地给予爱。
- 凌晨2点，我躺在床上却睡不着，为我无法解决的事情而苦恼——孩子们如何进步，我自身缺乏耐心，愤怒的父母发的一封电子邮件，如何用更好的方法来教我昨天所教的课。忧虑只会破坏我的信心，让我心痛，但我想让你们知道我在乎。
- 当我看着你的孩子的眼睛时，我仿佛看到了我自己的孩子。我知道，在你送她去上学的时候，你希望她得到教育和重视。我每天都在努力做到这一点。

- 暑假教室里没有孩子，并不意味着我们整个夏天都不工作！我们总是想着为教室采购东西。我们从未停止为学生思考和祈祷——即使在他们毕业5年之后。

来自校长的答案

我希望你知道：

- 如果中央办公室允许我灵活地尝试新的、有风险的想法，我可以做出更大的改变。我想尝试不同的东西，但如果他们不给我机会去冒险，我就做不到。此外，如果我的管理团队不愿意做出改变，我也不能做出改变。
- 我们永远不会停止关于如何帮助孩子们成功和奋斗的思考。有时我们不得不给家长打电话，但我们从不放弃希望。
- 我们的工作很辛苦，课间休息时间很少，午餐时间通常是在学生放学之后。我们的日子从来没有按照我们计划的那样过。每年、每月、每周、每天都过得很快。
- 我们并不完美。我们尽最大努力利用现有的信息和资源，做得更好，做得更多。我们关心孩子，希望我们的行为和决定能反映出这一点。
- 我们的工作很有趣，是世界上最好的工作之一。即使是在困难时期，我也无法想象，还有什么工作比当校长更让我喜欢。

- 我们是多么羡慕老师能在教室里教学。尽管我们有很多机会和孩子们互动，但拥有自己的教室，和学生们建立起一种独特的关系，是很特别的。老师应该珍惜这个机会，天知道我们有多嫉妒！
- 我多么希望，能做更多的事情来奖励我们的老师。他们的工作很有价值。
- 校长的工作有时会十分孤独。
- 我正在尽我所能，努力将所有任务划分优先顺序。我正在努力提高，使自己每个月和每个学期都有进步。
- 我对教师每天所做的事情感到敬畏。
- 在过去的3年里，我几乎没有整晚的睡眠。我的思想被我能做的、应该做的、希望我做过的、想要做的、现在没有做的、希望我能说的话压得喘不过气来。它既令人兴奋又令人疲惫！
- 我理解你的“重大问题”对你很重要，对我也很重要，但请记住，我还有另外50个人的“重大问题”在争取我的时间和注意力。
- 我们常常认为，要对大楼里发生的每件事负责。但这可能会导致我们的精力分散，或者没有给你们每个人足够的时间。
- 有时候，当我们被打、被踢之后，你是我们见到的第一个人。虽然我们总是努力保持积极，但有时我们也会犯错。发生这样的事，请原谅。

- 我们有时会感到无助和无力。我们想帮忙，但有些事情我们也无法控制。一位老师分享了一个令人心碎的消息。一个难以接近的学生终于开始取得小小的成功，却告诉我们他要转到另外一所新学校了。一些家长对我们停车场的安全性提出合理的担忧，而这些担忧源自其他家长不遵守规则或是没有礼貌。这种无助感是我们工作中最难的部分——让我们夜不能寐。
- 当父母对我们做出的艰难决定感到不安时，我们希望他们能亲自来找我们，而不是通过社交媒体来抱怨。
- 校长也是人。他们也会犯错误，他们也有情感。当他们负责处理和满足大量涉众的需求时，他们自己的需求也很重要。这是一个孤独的职位。校长需要支持、鼓励，需要有人呐喊助威。当事情进展顺利时，每个人都想成为校长团队的一员。当事情不顺利时，校长是第一个被抛弃的人。

阅读与思考

你希望人们知道的一件事是什么？

第16章

做最喜欢的事

Our Favorite Things

关于教育，你最喜欢的事情是什么？我“最喜欢的事情”，就是午餐时间可以和孩子们一起交流。如果你想了解你的学校，那就坐在餐桌旁和孩子们交谈吧。我刚开始这么做的时候，孩子们感到无所适从，但是他们只经历过几次和我一起吃午餐，就意识到，我们真的只是在一起聊天！和孩子们坐在一起，倾听他们的故事，这件事既强大又有趣！

课间休息。踢球，淘汰赛，橄榄球，还有很多其他的课外活动。我们喜欢课间休息时间，因为可以看到孩子们的不同侧面。还可以处理一些小的纪律问题，引导孩子做出更好的选择。孩子们最近一直想和我们赛跑，他们自信速度比我们快，但事实上，“赢”的是我们。

社交媒体实习生。它彻底改变了我们看待数字公民的方式，以及关于教育工作者应如何教育孩子的看法。我们一整天都保持微博在线，当看到学校主页上出现了一条学生发的微博时，我们都很兴奋。

早间接送。我们喜欢早上乘坐校车去接所有的学生，并用微笑、挥手、击掌、撞拳或拥抱来问候他们。在特别的日子里，我们会穿上孩子们的最爱——吉祥物服装！说真的，每个校长都应该准备一套吉祥物服装！

学习环境。孩子们不需要坐在桌子前学习与合作。我们喜欢让学生坐在地板上，甚至坐在草地上学习。**为孩子们创造一个你自己小的时候最想要的学习环境！**

去骑行。在校园里骑三轮车、踏板车、自行车或滑旱冰是我们最喜欢的事情之一！孩子们第一次看到这个时都疯狂了，家长们也一样！

阅读。读书是最好的习惯！每个月我们都会为每一个班级选择一本不同的书来阅读。孩子们对我们推荐的每本新书都很期待。这绝对是我们最喜欢的事情之一！

发现优点。我们喜欢在同事的笔筒里放一张充满鼓励的便条，在他们的门上贴一张便利贴，或者给他们发一封简短的电子邮件，来赞扬他们所做的积极的事情。花时间去认识他们的伟大是如此重要！但同样重要的是，要认识到孩子们的优秀品质。每天花点时间，去发现一个孩子的优点，然后打电话告诉他的父母！

倾听。花点时间倾听。就算只是坐着听别人分享他的故事，也很有效果。我们喜欢听同事和学生讲述他们生活中所发生的事情。花几分钟时间，真诚地问问别人，今天过得怎么样，然后认真倾听他们的回答。

积极的影响。我们“一直以来最喜欢”的事情就是，每天都有机会给孩子们留下积极的印象。我们喜欢和孩子们交谈，和他们一起欢笑，和他们击掌，支持他们，指导他们，帮助他们纠正错误。我们喜欢被如此惊人的能量所包围！

阅读与思考

1. 作为一名教育工作者，你最喜欢的事情是什么？

2. 你觉得今天最喜欢做什么？这个星期呢？这个月呢？

3. 你看到别人做的什么事情，是你一直渴望尝试做的？

第 17 章

人际关系最重要

Relationships Matter Most

在我们的学校里，人际关系一直是，也将永远是最重要的。它们是我们工作的催化剂。我们都见过，孩子们为了他们喜欢的老师认真听讲、努力学习的案例。当学生知道你关心他们的时候，他们就会放松下来，从而使学习成绩达到一个新的高度。因此，我们必须让所有的孩子感到被重视。

必须使建立牢固的人际关系成为你每天在校园里的首要事情。这是建立信任的唯一途径。必须建立起与包括孩子、员工和家长在内的所有利益相关者的人际关系，以推动你们的学校文化，让它为每个人带来光明。牢固的人际关系足以改变一个组织。

但重要的是要记住，在交流过程中如果表现得虚情假意的话，对方是能感觉出来的。因此你必须真实！我们最喜欢的建立、培养和发展人际关系的方法有：

- 首先，同时也是最重要的，要记住学生的名字，并叫出来！
- 永远积极地谈论学生。
- 只做对学生们有利的决定！
- 庆祝小时刻。

- 像对待成人一样和孩子们交谈（如果你这样做，他们会更加尊重你）。
- 慧眼识人。
- 击掌、撞拳、拥抱。
- 说“是的”。
- 微笑！
- 征求别人的意见。
- 制定校训，让每个人都知道学校的宗旨。
- 每周给学生父母打个电话。
- 相信每个学生都能成功。
- 给员工家属打电话，表彰每位员工的辛勤工作。
- 与学生和员工共进午餐。
- 在课间玩耍。
- 谈谈你的信仰和立场。人们都想跟随一个有坚定目标的人。
- 有一颗谦卑的心。
- 使用社交媒体来展示你所在学校的精彩。
- 花点时间进行面对面的交流。

主动联系学生家长

当我（托德）成为一名校长时，我知道我必须推倒那些“心墙”，同时也知道这不是一条容易改变的路。

我很快就了解到，我所在的学区里，无论我如何恳求学生家长来参加活动，即便承诺在活动上给他们提供免费食物，参加的人数也从来都不是很多。一部分原因是，很多学生的父母都要同时兼顾两三份工作；还有一部分原因是，他们不想来学校。

我年轻时曾出去宣教，我记得与人接触的最好方法，就是去他们所在的地方。就像你不能干坐在教堂里期待人们主动出现一样，你也不能干坐在学校里期待学生家长主动出现。

于是我有了一个主意，联系了位于同一条街道上的初中学校校长。我们发现，最需要帮助的地方是当地的公寓楼，那里有我们最难接触到的家庭。

所以，我们没有恳求这些家长来学校，而是主动去找他们。我们用校园资金购买了大量的热狗和其他食物，支起了一个巨大的烧烤架。那天晚上，我们把车停在这所公寓楼的停车场，为那里的每个人免费做热狗。

没有邀请函，也没有邀请链接。没有人要求他们在家里阅读邀请信，或是要求他们来学校接受志愿者提供的服务。我们只是亲自过来为他们服务。

我记得我们第一次这样做的时候，收到了很多的疑问。有人问："你们为什么要这么做？"我们回答他们："我们来自镇上的两所学校，我们只想告诉你，我们在乎你，我们爱你的孩子。"

我们相拥而泣。之后我们玩得很开心。我们的第一次活动服务了近300人。孩子们在院子里跑来跑去，老师们陪着他们玩，和他们一起度过这段快乐时光。

我们与当地几家企业合作，为他们捐赠了一些物资。最终，努力换来了回报，我们赢得了很多家长的支持。因为他们看到，我们愿意停下脚步，付出自己的时间，在校外为他们服务，而且我们不计回报。

直到今天，我们还在镇上的每座公寓楼前继续这么做。这是一段令人难以置信的亲密体验，也是一个服务他人的好机会。

我能分享的最有用的经验，就是仆人式领导的力量。我们必须记住，我们是来为学生及其家庭服务的。有时，我们可能需要放弃一些属于自己的时间和资源，就为了在院子里为人们提供一顿热饭或者和学生踢几分钟的足球。正是在这些时刻，真正的人际关系形成了。正是在这些时刻，人们会觉得自己真的被关心了。正是在这些时刻，你改变了他们的生活。

阅读与思考

1. 你如何与他人建立人际关系？

2. 你最喜欢用什么方法与孩子建立关系，并了解他们？

3. 你如何与那些真正紧闭心门，不想让任何人接近的人建立联系？

4. 你鼓励他人的创造性方式是什么？

第18章

永远不要轻言放弃

Never Stop

我们的工作充满了挑战。甚至有时候，就像经历一连串的投篮失误和加时赛的失利一样，似乎永远没有胜利。做一名教育工作者令人筋疲力尽，有时甚至令人泄气。很多时候我们想放弃，不再回学校。但我们每一次回来，都是向孩子们证明，我们一直在他们身边。

孩子们在我们下午放学送他们上校车时会问："你明天会回来吗？"老师们眼含泪水地来找我们，想知道为什么他们的学生每天都问，他们第二天是否会回来。这问题令人心碎。因此我们不能离开。我们无法想象抛弃这些孩子的情景。我们会一直在这里，为那些需要我们的孩子而骄傲、勇敢，因为没有其他人愿意为他们而战。

如果我们放弃了，我们教给孩子的是什么呢？当事情变得很艰难，或者你不同意某件事的时候，就可以放弃吗？如果托马斯·爱迪生在电灯泡坏了100次之后就放弃了，在其他人说他疯了之后就放弃了，会怎么样？如果马丁·路德·金在别人说他一文不值时就放弃了，在质疑自己的影响力后就放弃了，会怎么样呢？如果奥普拉·温弗瑞（Oprah Winfrey）因为之前电视上没有出现过像她这样的人，因为她体重超重，或者是因为她没有获得足够高的收视率就放弃了，会怎么样呢？

但是这些人——还有很多像他们一样的人——并没有因此而放弃，所以他们改变了历史。选择当一名教师就像背着沉重的背包在暴风雪中爬山。我们必须经历各种考试，处理各项文书工作，缺少陪伴家人的时间，缺乏资金，贫困——这些都是那些没有从事教育事业的人无法理解的条件和环境。我们并不是因为这些问题很容易解决而选择成为教育工作者。**我们选择成为教育工作者，是因为我们可以改变生命，影响下一代。**

所以，无论挑战有多难，我们都要继续攀登。全力以赴，激励自己，我们必须为孩子们继续向上。

偶尔，当你在战斗中，很容易把注意力集中在不顺利的事情上时，停下来！花点时间重新集中你的注意力，重新调整自己的视角。

然后再继续向上爬。孩子们应该得到我们所能聚集的每一份精力、热情、激情、动力、关怀和创造力。为他们做一个了不起的人，因为我们对他们的意义，比我们自己意识到的更大。我们最重要的工作是爱孩子，让他们相信自己是不可思议和独一无二的，提醒他们自己很重要。

所以，在那些艰难的日子里，当你不确定自己还能否再多坚持一天的时候，可以俯身看着孩子们的眼睛。看到他们的期盼，看到他们对这个问题的渴望："你明天还会回来吗？"然后响亮地回答："是的，我会。"因为孩子们需要它！

阅读与思考

1. 当你想要放弃的时候，你会用什么策略来推动自己继续前行？

2. 你如何获得同事们的支持以继续前进？

3. 今天花点时间，列出你成为一名教育工作者的所有原因，以及你曾做过的正确决定。在那些艰难的日子里，拿出那张清单来提醒自己。

第19章

勇敢面对挫折与失败

Head Held High

每一位教育工作者都需要面对一些黑暗的日子，尤其是当他觉得自己是一个彻底的失败者时。当事情变糟时，坚持很重要，但有时候说起来容易做起来难。

考试成绩不是衡量教育质量的唯一标准

我（托德）在2014—2015学年接手了一个重建中的校园，我和废寝忘食、努力工作的员工们一起改变了这所学校的进程。我们利用科技，与来自世界各地的人联系，最重要的是，我们教会我们的孩子知道他们每一个人都非常重要。那些情绪低落、觉得自己一无是处的孩子们，开始时完全不相信。但我们告诉他们，他们每个人都是天才，都应该受到当之无愧的赞扬。

我们通过食物募捐活动、社区热狗野餐、家庭欢乐之夜等方式，与社区建立联系；我们邀请了来自世界各地的奥运金牌得主、作家、歌手以及其他班级的学生，与我们的学生分享；我们举办了“像海盗一样教学”日、图书舞会、超级英雄日（所有的老师都装扮成超级英雄，用红地毯欢迎孩子们）、大型阅读活动，以及许多其他活动；我们的老师从最优秀的教育工作者——托尼·西纳尼斯、艾琳·克莱恩、汤姆·默里、格雷格·斯梅德利和安吉拉·麦尔斯——那里学习经验；我与我的行政部门建立合作团队，并向他们不断展示他们的重要性。

我还负责课后辅导、星期六学校项目，组织了小型的辅导小组。那一年，校园里的每一个人，包括学生的父母，都非常努力地工作。虽然这并不容易，但我们为我们所做的工作感到自豪。

2015年夏末，我和所在地区的其他5位校长开会，听取上一年度的州问责信息。校园问责制由4个指标构成，至少符合3个指标的学校被认为是成功的。每个校长都一个接一个地庆祝他或她的校园达到了3个或全部4个指标。

然后轮到我了。一个，只有一个，我们只满足了其中一个责任指标。

我崩溃了，我感觉自己瞬间被摧毁了。我觉得有无数双眼睛在盯着我，在接下来的会议中我一句话也没说。回家的路上我一直在哭。我给我最好的两个朋友——布拉德·古斯塔夫森和本·吉尔平——发了一封邮件，他们都是其他州的学校校长，告诉他们，我觉得我完蛋了。我不知道自己该做什么。这些分数表明，我显然不是一个好的领导者。之前所有的工作努力都白费了。

我挣扎了很久是否要分享这个故事。但是当我写博客的时候，我为自己能够诚实地描述自己的教育经历而感到自豪。我热衷于分享所有好的和坏的经历。另外，本·吉尔平也鼓励我分享。

他提醒我，这就是高风险问责制所带来的后果。在那短短的几秒钟内，**我迷失在分数的考核中，仅仅用一个一天的考试来评判我这一年的表现，却并不考虑我们接触和改变生活的方式。**别误会我的意思，我不是说分数不重要，它们很重要，但它们只是学校成功的一部分，而不是衡量“良好教育”的唯一标准。

我清楚地知道自己那一年取得了巨大的成功。我们在许多领域取得了巨大的进步，是这4个指标永远都无法衡量的。尽管这个考核结果让我备受打击，但我还是站了起来，准备迎接新的一年。

我们每个人都可以选择如何看待自己的处境。重要的是，要密切关注那些我们需要改进的地方，并找到解决问题的方法。但更重要的是，要昂首挺胸，不要让失败打倒我们。改变和成长需要时间和大量的辛勤工作。失败是成功之母，我们需要继续努力工作。孩子们需要我们这么做！

阅读与思考

1. 你什么时候经历过自我怀疑？你是如何从中学习和成长的？
2. 你如何帮助你的同事或学生，学会不让他们的失败定义他们？
3. 你可以用什么方式更频繁地赞美他人？

第20章

像孩子一样行动

Act like a Child

不知从什么时候起，我们忘记了作为一个孩子时的那种感觉——惊奇、兴奋和快乐的感觉。但只需在幼儿园教室里待上一段时间，你就会很快想起那种奇妙的感觉——无尽的梦想、好奇心和一厢情愿的想法。孩子会立即原谅别人，跑上去拥抱别人，忘情地大笑，相信魔法和假想中的朋友。

我们相信，这种孩子般的态度对成年人来说很重要。当我们需要做决定的时候，与其皱眉说“不”，不如试着相信那些具有理想主义色彩的事情，说不定有一天梦想就会实现呢？

小孩子相信，一头母牛真的能跳过月亮，圣诞老人能给他们带来礼物。更重要的是，他们认为，他们可以改变世界。当我们不再挡他们的路，或者一起加入他们的旅程时，他们一定会改变世界。

你怎样才能发掘孩童般的自我？怎样才能拆除你所建立的愤世嫉俗的围墙，重新开始梦想呢？以下是我们的一些想法。

1. 花点时间坐下来涂色。

2. 蒙上眼睛，让你的学生带领你穿过迷宫。

3. 每天都找点乐子。

4. 走进大自然，闭上眼睛，聆听声音，让你的想象力驰骋。

5. 涂色，画画，创造。

6. 花时间和一群5岁的孩子在一起，与他们交谈，听他们说话。

7. 询问学生，是什么问题让他们觉得痛苦，然后一起寻找解决办法。激励他们胸怀大志，发挥他们的集体和个人才能。

8. 改造你的教室。

9. 给你关心的人打电话，告诉他们，为什么他们对你很重要。

10. 迅速原谅他人，然后继续前进。

11. 拥抱别人。

12. 与学生秘密握手，这会让你们俩都开心的！

13. 课间休息时从滑梯上滑下去。没人预料到成年人会那样做，而且很有趣。

14. 和学生一起坐在地毯上，与他们平起平坐，能让你看到他们的视角。

当我们选择像个孩子一样行动时，我们就可以用不同的眼光看待世界。我们的焦点改变了，围墙开始倒塌，我们开始相信那些我们曾经认为不可能完成的事情。我们知道什么是重要的，什么不是。

想象一下，如果每个教育工作者都可以像一个小孩子一样保持童心，那么会有更多的孩子在成长过程中保持着孩童般的好奇心。

回想一下，当你是个学生时，是什么让你微笑或大笑。是什么让你如此兴奋，以至于你会起个大早去上学？**再次找到你内心的孩子，把那种兴**

奋和惊奇找回来！你的学生们需要它！

阅读与思考

1. 还有什么方法能让你做回小孩子？

2. 你最近的一个大梦想是什么？

3. 当我们周围的人都忘了如何去梦想时，会发生什么？

第21章

创造与众不同的学习体验

Choices and Decisions

学校的存在不是为了让成年人有工作，而是为了学生。你的工作（和我们的工作）是让孩子们感到自信，接受他们自己本来的样子。你可以通过提供学习机会，让孩子们发现这个世界不同的可能性。你可以通过挑战现状，创造出深刻的学习体验，让孩子们在未来很长的岁月里记住。在这一章中，我们将分享一些改变现状的方法，希望这些方法，能激励你在学校里使用。

《速成课》日

我（托德）一直想找一本书，可以让我们的新员工一起读的书。整个夏天，我都爱上了金·贝尔登的书《速成课》（*Crash Course*）。我觉得它非常适合作为我们秋季开学后的推荐图书。所以，我联系了金·贝尔登，并且给韦伯小学的每位员工都买了一本她的书。当我们从8月份开始读这本书的时候，便决定在11月16日时举办一个“《速成课》日”。那一天将是庆祝和分享我们从书中所学到的知识的日子。

我们每周都会聚在一起讨论书中的内容，随着11月16日的临近，员工们为学生策划了很多有创意的事情。员工们不知道的是，我一直在和金·贝尔登沟通，让她在那天也给员工们一个惊喜！

大概在“《速成课》日”到来前的两周，我才把金·贝尔登要来的消息告诉员工们。他们中有人尖叫，有人激动地流泪，但更多的是兴奋。

“《速成课》日”到了！说被震撼到只是一个很保守的说法。我们的活动有水下探险、感官活动、烘焙活动、《阴天有时下肉丸》绘本活动、感恩节大餐，等等。整个学校的教室和走廊都被改造了。不仅老师们很兴奋，孩子们也都很欢乐。那天，孩子们路过大楼时，他们脸上兴奋的表情让我深受感动。

“《速成课》日”这天，学校里没有纪律问题。它证明了，**当你根据学习标准，创造出富有想象力、引人入胜的课程时，孩子们会更容易表现良好。**

那天，当我们离开学校的时候，筋疲力尽，但同时又重新焕发了活力。我们第一次看到，当孩子们专注于学习和体验的时候，他们的眼中闪烁出的光彩。我知道，那一天的记忆将会持续整个人生——对孩子们、老师们和我来说，都是如此。

与孩子们一起工作

多年前，当我（亚当）第一次遇到我的妻子时，她告诉我的第一件事就是，她很感激我有一份“帮助者”的工作。对我来说，和学生们在一起，支持他们是我的第二天性。我从小看着父亲如何教二年级和三年级的学生长大。

现在，经过多年的学校管理后，她的话让我感觉更加真实。教育是有趣的，有影响力的，具有挑战性的，耗时的，令人疲惫的，有时甚至是令人抓狂的。但在所有这些情绪中，我认为做一份帮助他人的工作是非常值得的。

在我的职业生涯中，有很多次我都想离开学校，去探索新的事业。但这些想法很快就消失了，因为我属于教育行业，我不想把我的工作留给别人。

“与孩子们一起工作”是我信仰体系的核心，促使我去做该做的事！即使你知道你的目标，并明白它很重要，你有时也会觉得什么都做不好，每个人都反对你。我知道，因为这些我都经历过。我也知道，在那段时间里，你必须要振作起来。

几年前，我正处于这样的困境中，于是我决定去做一件事。我订了一套跑步衣，在早上到达学校后下车的时候换上。可以猜到，孩子、老师和家长的反应——哄堂大笑。穿跑步衣和我们的教学计划有什么关系吗？没什么关系，但它可以让人们对学校感到兴奋，因此，他们想要加入并支持“与孩子们一起工作”的学校文化。虽然有点傻里傻气，却能让我把注意力集中在最重要的事情上——支持团队，享受乐趣！

举办数学展览会

我（托德）一直很喜欢参观科学展览，但作为一名数学老师，我有点嫉妒，就是我永远都不能和孩子们一起看。直到有一天，我想，为什么我不能举办一个数学展览会呢？我和学生们通过Skype电话，与杰克·安德拉卡（2012年英特尔国际科技展览会的获胜者）进行过一次通话，并了解了他的科技展览会主题项目。孩子们对参加数学展览会的想法感到兴奋。我给每个学生的家里都写了一封信，向家长们解释这个项目，因为这需要学生们在校外完成。

数学展览会项目的要求是，学生必须选择他们感兴趣的事物作为主题，然后展示至少6种不同的涉及数学或与他们的主题相关的项目。他们可以选择任何主题，包括滑雪、垒球、制作奶酪、空手道、舞蹈、机械学、手游，甚至是“植物大战僵尸”，等等。他们有两个星期的时间，向我提交他们的主题，但有一个要求，一旦有人提交了一个主题，其他人就不能再申请这个主题了。

在他们提交主题之后，就可以在家里开始他们的项目了。他们至少要有6种与数学相关的项目。他们可以任意解释“视觉效果”，无论是制作海报、携带物品，还是制作物品，等等！这个活动的目的是，让学生们玩得开心，分享他们的激情，展示数学是如何无处不在的。唯一的界限还是学生自己设定的。

在数学展览会的那一周，学生们在课堂上练习演讲。他们都是五年级的学生，大多数都不知道如何演讲。我们讨论了有关演讲感染力、声音控制、音响效果，以及观察观众的反应等技巧。他们的同伴也给出了积极和具有建设性的反馈，这是学习一些重要的沟通技巧的好时机。到活动那天，孩子们都觉得准备好了。当他们收到杰克·安德拉卡发来的一条“祝你好运”的微博时，他们感到更加自信了。

星期四晚上6点到7点，我们在自助餐厅举行了数学展览。之后在公交站台上进行了视觉效果更逼真的展示。

对于提前一个多月就收到通知的学生来说，参加展览会是强制性的。72名学生中，只有3名学生没有来。有200多名成年人参加！（对于那个小城镇来说，这是一个庞大的数字！）我们甚至通过Ustream（通过互联网进行个人在线音视频广播的平台）对展会进行了直播（非常感谢我的妻子莉莎特）。使用Ustream还意味着，我们可以将它记录下来，与无法参加的家长和家庭成员分享。

我可以诚实地说，我从来没有像这样为学生感到骄傲。这些孩子在他们的项目中投入了大量的精力和创造力，给我、他们的家人和小伙伴们留下了深刻的印象。一些学生甚至带来了活马，还有一些人制作食物，做科学实验，把相关的东西带到他们的展台上分发。

后来，当我谈论和发布有关数学展览会的消息时，我听到了这样的评论：“哦，他们的父母帮助了他们。”有父母帮助过他们的孩子吗？是的。你能说出谁得到了帮助，谁没有吗？能。但也许这并不全是坏事。

展览结束后，我和一个小女孩（她妈妈显然做了大部分的工作）交谈，问她为什么选择这个主题。我知道这不是她真正感兴趣的主题。她的回答将伴随我一生。“我知道，让妈妈花时间陪我的唯一方法就是，选择与她工作的公司有关的主题。”

听了之后，我觉得，那个妈妈是否只是把整个项目简单地拼凑起来，并不重要。重要的是，在此过程中她的女儿会一直坐在她旁边，和她待在一起，否则她女儿可能没有这样的机会。对我来说，这一切都是值得的。

第二天早上，当学生们出现在学校时，他们仍然在谈论他们有多开心。我从未见过孩子们为自己和自己的努力感到如此自豪。对我来说，这是成功的最大标志。

以学生为中心做决定

每天都有做出决定的机会。你打算做什么？你打算怎么做？**你打算怎样留下你的印记？**你会如何相信你的学生并支持他们？你会原谅他们，让每一天都有一个新的开始吗？

做出以学生为中心的选择。别忘了，学校之所以存在不是因为我们，而是因为他们。激励你的学生，让他们分享自己的激情所在。想办法让他们做得比他们以为的更好。如果你有一个新的想法，那就试试看！结果可能比你想象的要好。不要退缩，充分利用学生的时间、机会和能力来做决定。这是孩子们需要的！

阅读与思考

1. 你如何使你的学校成为孩子们最好的学习环境？

2. 你如何保持对孩子的关注，做对他们最好的事情？

3. 你是如何强迫自己利用每一分钟的？

第22章

打破常规

Alien Look

它曾经侵犯过我们，它曾经让我们三思而后行，但现在我们把它看作荣誉的象征。

它，就是“外星人表情”。当你想要创新的时候，它就会出现。比如，当你在一个会议上提出了一个新想法，也许来源于网络，或者受你的Voxer小组启发，你希望得到同事甚至老板的支持，所以你向他们提出这个想法。然而，他们投给你异样的眼神，盯着你看，翻着白眼——也许还夹杂着细微的笑声或窃窃私语，或者可能什么都没有。当你说话的时候，他们拒绝跟你进行眼神交流，房间里也变得异常安静。

他们的这种表情会摧毁你的自信，让你退缩，让你怀疑，最初的想法是不是一个很愚蠢的主意。

为什么人们会有这样的反应？我们猜测有很多原因。

- 他们害怕。
- 他们希望这是他们的想法。
- 他们觉得你没有按照制订好的计划行事。
- 他们宁愿安全，也不愿冒险。

- 他们还没有试验过。
- 他们认为这意味着更多的工作。
- 与众不同、新的事物，让他们感到不舒服。

与绅士共进晚餐

对我（托德）来说，男人对孩子们的生活的影响，总是惊人的。我可以清楚地想到两个人，我年轻时的牧师，特洛伊·赛克斯（Troy Sikes）和尼克·肖克（Nick Shock），他们对我的生活产生了很大的影响。我知道男性榜样的力量，我亲身经历过。我一直想利用这一点，为我们的学生做些什么。

今年，我们学校举行了第一次“与绅士共进晚餐”的活动。当我开始策划这个活动的时候，我看到了“外星人表情”。有人告诉我，我在浪费时间，绅士不会出现的，我们永远也筹不到钱，等等。我走出的每一步都有怀疑和消极的话语在等着我，但我一直在努力。

现在，让我来回顾一下。

几个月前，我们开始了“看门狗”计划。这个项目旨在让父亲参与到孩子学校的志愿活动中，哪怕只有一天。我们与社区的另一所小学合作，在他们的校园里举办了一次开学活动。

经过大量的广告宣传、讨论并提供免费比萨，父亲的身影终于出现了。我们都明白，让父亲参与到孩子的教育和生活中的价值。因而这是一个让我压力巨大的任务，尤其是对由单身母亲抚养长大的孩子而言，这让我想起了那些对我产生影响的人，正是他们成就了今天的我。

我和副校长亚伦·马维尔（Aaron Marvel）坐下来，进行了头脑风暴。我知道我们可以比开学活动做得更好。我们想到了最受爸爸们欢迎的甜甜圈，但是在韦伯小学，在我们的食堂里，每天早上都能看到甜甜圈，就不起作用了。后来，在其他校长本·吉尔平、布拉德·古斯塔夫森和亚当·维尔科恩等的帮助下，我们有了一个新的想法。为什么不找到一种方式，通过赞扬这些孩子们生活中的男人，来扭转局面呢？许多学生的生活中没有父亲，但他们有堂兄弟、叔叔、兄弟、继父、祖父等。我们给这个活动起了不同的名字，比如“和父亲共进晚餐”“和兄弟共进晚餐”，等等。我们最终决定使用“与绅士共进晚餐”。

我在一个产权基金账户里找到了一笔钱，用于父母参与活动的支出。我们预留出一部分用作烧烤的费用（在得克萨斯州，每个人都喜欢烧烤），还雇了一个餐饮承办商。

在经历了令人失望的开学活动之后，我们期待能有150人出席免费晚宴。我制作了传单，并与每个班级的学生交谈。我劝学生们参加，并提交一份回执，这样我们就能知道需要多少食物和座位了。我确保孩子们知道，这次晚宴是和一位绅士共进晚餐，这样他们就可以邀请他们的祖父、叔叔、哥哥、家人朋友——任何对他们有意义的人。

好吧，只能说，我们没有为接下来发生的事情做好准备。

在接下来的几周里，我们收到了200份，然后是300份，然后是400份回执。但我们没有足够的钱和座位！于是，我向我的团队寻求帮助，我们进行了头脑风暴。

我们找到了一个新的餐饮服务商，更换了菜单（我们必须遵守预算）。为了以防万一，我们还联系了一些当地公司，来帮助我们筹集资金。我们与周边城市、地区合作，为我们的活动准备了足够的桌椅。

然后我们在活动前3天停止接受预订。我们共收到了647份参加的回执，是的，647份！我们被震惊了，以前从未经历过这样的事情。

我们进入了疯狂的准备模式。我向韦伯小学的工作人员求助！他们帮了我很大的忙。

布置完成了，餐桌餐具摆好了。最后，客人们也到了，晚餐开始了。当我看到满屋子的男人和这些孩子们在一起时，我很欣慰，有超过580人参加了这次活动。

当孩子们和他们的绅士们进来时，他们必须从一张满是选项的桌子上，挑选一本书（我们想让他们在结束后带着一些东西离开，可以用来继续维持我们之间的关系），然后他们找到了各自的座位。3位精心挑选的演讲嘉宾中的第一位上台了。我们想要确保活动反映了我们的社区和男性的影响力，所以我们有来自不同种族、成长环境和职业的演讲者。

然后我们开始上菜，学生们上台分享能有一位绅士参与他们的生活对他们来说意味着什么。整个晚上，都播放着有关孩子们的幻灯片和音乐。

最后，我们以音乐老师凯文·哈利伯顿（Kevin Haliburton）先生的一首歌作为结束。

总之，一切顺利。我不敢相信，但我不应该感到惊讶。我身边有一群摇滚明星式的教育工作者，他们不断地挺身而出，促使这样的活动取得成功。我为他们感到骄傲。更重要的是，我为那些带着孩子来的绅士们感到骄傲。我只希望，他们能多花点时间和孩子们在一起，给孩子留下美好的回忆，加深同孩子的感情。孩子需要男人参与他们的生活（就像他们需要女人一样）。

在我们的“看门狗”计划如此惨淡地启动之后，再次尝试是否有风险？当然。这件事会不会失败，让我们都很失望？也许吧。但是，当看到孩子们可以和那些关心他们的男人在一起时，为所有的压力和计划付出努力都是值得的。

做对孩子最好的事情

多年来，我（亚当）一直在研究手写输入和电脑输入法，以及它们与我们学校的相关性。最近我一直在思考研究语音输入和语音应用程序的情况。我发的短信绝大多数是语音短信，我的写作大部分都是通过谷歌文档（Google Docs）完成的，它们有新的语音输入功能。

今年早些时候，我开始研究语音输入，我们需要向孩子们展示，如何使用这个工具，它甚至比输入法更重要。

我看到了“外星人表情”，来自同事、主管、其他老师，甚至父母的。

而现在，和我一起工作的很多人都在谈论语音输入。他们的学生写的字数比他们只能打字的时候还要多。当然，孩子们仍然需要编辑他们的文章，但语音输入让他们不用看键盘，就能记下所有的想法，这对很多孩子来说是一个挑战。

我把“外星人表情”视为荣誉的象征。如果你的想法有意义，如果它对孩子有帮助，如果它是免费的，如果你看到了结果，不要担心别人怎么看它。激进的新思想通常被人看不起。做对孩子最好的事情，并推动你的新想法！

不要畏惧“外星人表情”

太多的教育工作者在看到“外星人表情”时退缩了。他们把自己的想法放在一边，继续做着他们一直在做的事情。他们循规蹈矩，做容易被人接受的事情。

为什么？为什么我们当中没有更多的人，能抵挡住这些质疑的目光呢？为什么我们不能挑战现状，不顾后果，专注于为孩子做最好的事情呢？如果我们不这样做，我们就不能推动教育的发展。如果我们不鼓励创新和创造，就只能得到更多一样的毫无新意的东西。

当你看到“外星人表情”时，要感到高兴。这意味着你在用不同的方式思考，并尝试用新的想法来挑战极限。这意味着，即使不是每个想法都能实现，你也要坚持给孩子最好的。因为这是你的学生最需要的！

阅读与思考

1. 想想历史上面对“外星人表情”的人。如果他没有挑战极限，我们的世界会有什么不同？

2. 你有以前放弃过的想法，现在准备再试一次的吗？

3. 如果我们自己都不去做，又怎么能激励孩子们去打破常规呢？

第23章

学会倾诉

The Battles We Face

我们每天都要面对挑战：

- 学校没有足够的钱
- 倡议太多
- 难以集中注意力
- 团队成员分崩离析
- 工作时间长，离开家人的时间过长
- 不切实际的期望
- 感到孤独，没有支持和鼓励
- 每次都被拒绝
- 别人对你的伟大梦想和想法的质疑

有些挑战我们很快就能克服，但有时战斗可能会拖上几天、几周甚至几年。有时候，这些战斗会给我们造成很多伤害，以至于我们会考虑离开这个行业。关键在于，我们如何处理这些挑战。

我们知道，**当你向别人倾诉你的挣扎时，更容易克服困难。**当你和别人交谈时，如果发现他们正在经历同样的事情，你会获得一种安慰。也许我们自己困难缠身，以至于我们不想和别人倾诉，也不想用我们的挣扎来“打扰”别人。

但你需要倾诉。因为向他人倾诉之后，即便最大的战斗也不会像看上去那么难以克服。而且，它提醒你，你并不孤单。我喜欢这句话：“吃大象最简单的方法是什么？”“一块一块的。”

找到“我们的人”，可以拯救我们的事业。通过与这些人联系，可以使我们变得更柔软，彼此分享心情、恐惧、失败、快乐、斗争、赞扬、痛苦，为彼此提供倾听的耳朵和依靠的肩膀。教育是一项艰苦的职业，我们必须团结一致。

我们也学会了关注最重要的事情。我们必须学会合理利用时间。不能忘记去做那些能带给我们快乐、点燃我们思想火花的事情，确保这些事情与我们的学校或教育完全无关。因为如果我们不能花时间去做一些教育之外的事情的话，我们就有耗尽精力的危险。

当然，我们必须克服挑战。挑战会一直存在，但我们要记住我们为什么会在这里。我们不仅仅是在为自己而战，我们也是在为孩子们而战——给孩子们最好的。我们的孩子需要它！

阅读与思考

1. 你最近遇到了什么困难?

2. 你如何支持你的同事?

3. 你如何寻求同事的支持?

第24章

不要停下学习的脚步

Take Charge of Your Learning

教育是为数不多的，人们认为自己已经完成相关技能或知识培训的职业之一。教育工作者从大学毕业开始，就认为他们已经学完这门功课，并准备好应对现实的挑战了。作为这种教育工作者的一员，你愿意生病时去咨询一个态度和你一样的医生吗？她也已经练习了很多年，却从来没有更新过她的研究或实践。我不知道你的选择，但我不会去找这种医生！

所以，如果教育工作者多年来从没有改变做法，或学习任何新的研究，我们如何能指望父母愿意把孩子交给我们呢？就在5到10年前，教育工作者还必须获得许可才能参加培训。

而现在，**科技让我们的指尖拥有了一个无限的学习世界，**你也不需要提前申请才能参加培训了！

不要误解我们，我们并不否认面对面的会议和培训很有价值，我们也需要这种对话与合作。但我们的观点是，现在有更多的选择。通过像Face Time、谷歌Hangouts、Periscope、Blab和Voxer这样的社交媒体网络和工具，你可以每天24小时，每周7天，随时随地与来自世界各地的教育工作者进行联系、学习和成长。

我们已经听过很多借口来解释教育工作者为什么不继续学习。但是我们还没有听到过一个理由，足以让我们说，“是的，你是对的。继续教育的确不重要”。

我没有时间。我们相信，我们有时间去做对我们重要的事情。时间不是真正的问题。继续学习对教育工作者来说很重要。看看你把时间都花在哪里了。为了个人和职业的发展，你能改变你的计划，或者以不同的方式，对继续学习投入你的时间吗？这不需要花费大量的时间或制订复杂的计划。找到一个已经在做你想做的事情的人，向他学习，用他正在做的事情来适应你的课堂。这样不仅不会白费力气，而且可以做得更好。

这项新技术太令人费解了。我们喜欢听教育工作者这么说。为什么？因为我们可以告诉他们有个伟大的工具叫搜索引擎，人人都可以使用。当我们不理解或不知道如何使用某物时，我们可以使用搜索引擎，通过看一段YouTube视频或读一篇文章来自学。我们有多少次告诉我们的孩子，要靠自己的力量弄明白一些事情？为什么我们告诉孩子要做这个做那个，然而我们自己却不花时间去做同样的事情呢？

我的领导永远不会同意的。当你想做一些能使你成为更好的教育工作者或有益于孩子的事情时，领导者却对你说“不”。我们已经经历过很多次这样的事情了。把你的时间投入到在线学习工具中，这些工具不会给你带来任何损失。也许当你的领导看到你的成长，看到孩子们从你的学习中受益时，他们会更有可能批准你未来的教育创新尝试。即便他们没有这样做，你仍然要给孩子他们需要的东西！

我不太明白它的价值。我经常听到老师们问，教育工作者继续学习如何使事情变得更好。继续学习的价值就在于，教育工作者可以学习如何做一些伟大的事情来帮助孩子们突破界限。通过接触更多可利用的资源，你可以确切地看到，“现实生活中的”其他老师是如何对他们的学生产生积极影响的。向他们学习，可以让你拥有更多的知识和想法，与学生们分享。

多年来我一直做得很好，为什么现在要改变？一些教育工作者长期以来通过某种特定的方式做事，并且获得了许多成功。他们很舒服，并不觉得有任何改变的理由。我们经常会问类似这样的问题，“如果这个世界没有空调，没有电视，没有汽车，我们的生活依然可以运转，那么当初为什么还要追求改变进而发明出这些物品来呢？”“我们的世界变化得非常快，因为新想法不断地出现，所以让我们的生活变得更好。”我们不能一直走同样的路。否则，我们最终可能会像光盘租赁商店一样，被那些不断成长和前进的公司所淘汰。

我们的考试成绩已经很好了。一切都已经很好了，为什么还要继续前进？事实上，这正是我们该向前推动的时候！我最喜欢吉姆·柯林斯（Jim Collins）的一句话：“好是卓越的敌人。”当我们把考试分数作为不再继续学习的理由时，这句话就再恰当不过了。错误的想法是，如果分数高，就没有必要创新；如果分数高，你就是安全的，你可以保持舒适的现状。但事实上，取得一个很高的考试分数，正是为你提供资本，让你去冒险。不要给自己找借口，而是要一直前进。

不要找借口，好好学习。努力尝试新事物，让自己变得更好。孩子们需要你这么做。

阅读与思考

1. 你听说过人们为了不学习而找的借口吗？你给自己找了什么借口？

2. 你最喜欢的继续学习的工具或资源是什么？

3. 为什么你觉得保持成长和学习很重要？

第25章

成年人只是大小孩

Adults Are Just Big Kids

当教育工作者进入到管理部门时，得到的最好的建议是，“现在你要和成年人打交道了。虽然你很擅长和孩子打交道，但请记住，成年人只是有着更大号身体的孩子”。起初我们对此嗤之以鼻，但随着我们与成年人的合作越多，我们就越能发现这是真的。

赞美你的员工和同事

在我（托德）的学校里，发放“向你致敬”卡片的做法（见第5章）改变了很多学生。孩子们想要被认可，想要在家人面前得到认可。许多孩子的家庭也因此发生了变化。当我们打电话给学生家长时，他们都忍不住流下了眼泪，因为从来没有人给他们打电话，告诉他们关于孩子的一些伟大的事情。

当我一个接一个地打电话的时候，我想到了别人给我的关于成年人是大小孩的建议。我有一个想法，为什么我们不为成年人做一些类似发放“向你致敬”卡片的事情呢？我马上付诸实践。但我想从一个惊喜开始——要完全出乎他们的意料。

去年10月，我告诉我的员工，我正在做一个校园项目。我给他们发了一份谷歌表格，询问他们父母的地址和电话号码。对于那些父母不在或与父母疏远的人，我也询问他们是否有在他们的生活中扮演“父母”角色的人。

12月份的时候，我给名单上面员工们的家人都写了卡片，告诉他们，他们的“孩子”在我们学校工作，然后列出了一些我欣赏的他或她所具有的品质。我告诉他们，因为有了他们的儿子或女儿，我们的团队才有了很大的进步。

我把卡片寄了出去，送达时间选择在圣诞节假期。我想让员工的家人有一份特别的圣诞惊喜。结果在圣诞节休假期间，我收到了11条来自员工和他们的父母的感谢信息，告诉我这张简单的卡片对他们有多重要。

类似这样的事情需要我们更频繁地去做。

学校可以通过发送一封信来识别“大小孩”，进而进行变革。给父母的信只是开始。在接下来的几个月里，我开始给校园里的成年人发“向你致敬”卡片。他们通常会收到一封电子邮件或语音短信，邀请他们在空闲时间或放学后到我的办公室来。当他们来的时候，我会给他们一张“向你致敬”卡片，告诉他们一些我所知道的关于他们的好的事情。

然后我会问他们，希望我给谁打电话。我仍然喜欢看到他们震惊的表情。在我向他们保证我是认真的之后，他们通常会给我他们父母的电话号码。

接电话的人通常一开始都是非常震惊。然后我会向他们解释打电话的原因，我多么感激他们的孩子，以及他们在养育方面做出的伟大工作。接下来有时会有一些欢笑，有时会有一些眼泪，甚至会听到父母和孩子之间在电话里说“我爱你”。

经常给员工的父母打电话，和他们分享他们的“孩子”在学校里做的很棒的事情。如果我们能在孩子身上做这件事，为什么不能在成年人身上做呢？

你不必成为校长，就可以做到这一点！**找到那些和你一起工作的人，**你团队里的人，自助餐厅的员工，**提醒你周围的每个人，他们自己有多重要。**

寄快递要花钱吗？是的。你的手会因为写太多字而酸痛吗？是的。需要花费你好几个小时的时间吗？是的。在未来很长一段时间内，这种积极的影响会被人们感受到吗？绝对会的。这就是我们这样做的原因——让孩子们生活中的成年人也感到被重视。孩子们需要我们这么做！

阅读与思考

1. 在你的生活中，你能用什么创造性的方式来发现“大小孩”？
2. 想想看，你想给谁的家人打电话？
3. 你最近一次感到被重视是什么时候？

第26章

学会自我充电

Unplug and Recharge

教育工作者每天工作的时间远远超过8小时。他们的工作内容非常复杂，包括教学、出席会议、参加培训、打电话、发电子邮件、写信、寄成绩单，等等。但教育工作者的内心是坚定的，他们不知疲倦地工作。因为他们知道孩子们的需要，他们知道，他们仅靠一小段时间就能对学生产生持久的影响。

我们有时会精疲力竭，有时会不知所措。即使是最优秀的教育工作者，一旦精力耗尽，也会很快偏离轨道。那么我们该如何防止这种情况发生呢？

远离外界，自我充电很重要。定期断开与手机、电子邮件的连接，忽略Facebook和Twitter上的更新。这很难，因为这些东西一直在吸引着你，但有时候把它们放在一边是很重要的。**花点时间和你最亲近的人在一起，甚至花点时间独处。当你这样做的时候，你就是在给自己充电。**

做那些使你感到快乐的事情——那些与学校无关的事情。整理花园，绘画，加入一个剧团，体育运动（比如跑步）——这些都是无限可能的！当你选择花时间让自己独处的时候，就是在照顾自己，你会为那些值得最好的教育的孩子变得更好。

把手机留在家里

当我（亚当）每天离开学校的时候，会把手机设置成关闭工作邮件的状态。我的一天结束了，我已经工作了十多个小时，是时候和我的家人在一起了。但我有一个更大的想法。老实说，我不确定我能否成功，但我还是冒险了！当我和家人去海边度假的时候，我把我的iPhone放在家里了——整整5天！

当我告诉一些人我这么做的时候，得到了很多震惊的回应。

“哇，你太大胆了！”

“我可做不到。如果我不上网，我就会感到压力很大。”

“你怎么知道外头发生了什么事？”

“你怎么找餐馆和酒店？”

我们习惯于以每小时，甚至每分钟的频率查看任何让我们与外界保持联系的东西。我决定休息一下。

与我的妻子和孩子们待在一起的那5天是最好的！在车里待了大约30分钟后，“看手机”的肌肉记忆放松了，我完全沉浸在我们的家庭谈话中。在酒店里，在沙滩上，在散步中，或者出去吃晚饭的每一秒都是百分之百专注的。我的一个朋友问我，如果没有iPhone，我将如何记录我们的旅行。我带相机了！问题解决了！

回到家后，我回复了一些短信、电子邮件和社交媒体通知，但我一点也没有因为没带手机而烦恼。

对我们来说，照顾好自己和照顾好学生都是非常重要的。

所以，大胆尝试吧！把你的手机留在家里，真正与外界断开联结，与身边的人充分交流。拔掉手机电源，学会自我充电，这样当你回到学校时，你才能够做好充分的准备！孩子们需要我们这么做！

阅读与思考

1. 你最近一次拔掉手机电源、断开与外界的联系是什么时候？你得到了什么好处？

2. 你对与外界断开联结这件事最大的恐惧是什么？

3. 为什么你认为断开联结很重要？

第27章

聚焦学习

More Meat, Less Glitter

我们都曾见到过一个令人惊叹的教室或者一条关于新奇的教学理念的链接，或许是一篇有名的帖子，或许是网站上一张很赞的图片，或许是直播平台上一次精彩的专访，又或许是社交网站上一个分享。它看起来很闪亮，很炫，很酷。

我们承认，有时候我们也会成为那些炫酷链接的生产者。我们从别人的作品中看到了令人难以置信的图片后，不再选择设计一个实实在在的有趣的课程，而是选择制作一个华而不实的作品。

我们为什么会这么做？因为我们不自觉地将自己与他人进行比较，觉得自己必须尝试用一些华丽包装来肯定自己。这种情况在小学比中学更流行。我们认为，我们需要设计一个舒适的课堂和空间。我们想让别人夸赞"啊，真有趣"或者"你的学生一定玩得很开心"。

别误会我们，我们并不是否认兴趣很重要。如果一个学生不喜欢学习过程，他就不会学到任何值得记住的东西。但我们不能光把注意力集中在闪闪发光的课堂上，我们不能只关注我们想要的。当然，闪闪发光的课堂也很棒，但它们必须与课程内容挂钩，必须有具体的教学点和相关的成果。

我们必须促使孩子们深入思考，每一堂课都必须有一些实实在在的内容。

霍普·金（Hope King）是我的朋友，也是“小学恶作剧”博客的博主，她是一名老师，上的课最出格，但是她的课也最实用。霍普·金堪称变革女王——把她的教室变成北极圈或者侏罗纪世界，但霍普·金始终能保持学术内容的前沿和中心，其他一切都围绕着这个中心转。不管她想出什么疯狂的点子，如果不能让学习内容成为活动的主角，她就不会去上课。

我们也必须这样做。让学生体会到学习的乐趣。其实学生和我们在一起的时间很短，我们一分钟也不能浪费！再说一遍，这并不意味着我们不能和孩子们一起玩，我们只是需要把注意力集中在学习上。

所以，要有创造力，勇于创新。**即使是最平凡的学习任务，也能想出一个新奇的方法把乐趣带入进去，**但是要有明确的目标。正如戴夫·伯格斯所说，“让孩子们愿意付代价去听”。

阅读与思考

1. 你什么时候成了专注于华而不实的学习形式，而非实实在在的学习内容的教育工作者？你为什么这么做？

2. 我们如何鼓励教师跳出思维定式，同时又能确保创新的教学活动是专注于学习内容的？

3. 你是从什么时候开始真正强迫自己，去创造一些有趣的课程，并且使其仍然专注于实实在在的教学内容的？如果你还没有这样做，是什么阻碍了你？

第28章

让孩子爱上阅读

For the Love of Reading

我喜欢阅读。我特别喜欢在满是学生的教室里读书。作为教育工作者，我们很清楚阅读的重要性，以及它如何影响孩子教育的方方面面。但是，我们该如何向学生灌输阅读的乐趣呢？使他们不只是为了获得分数，或完成读书报告而读书。

鼓励学生每学年读20本书

我（托德）讨厌读书，直到五年级的时候，我发现了K. A. 阿普尔盖特（K. A. Applegate）的《动物变形人》（*Animorphs*）系列丛书。那套系列丛书让我迷上了阅读。我还记得奶奶给了我一个索引卡盒和一大堆索引卡。每当我读完一本书后，她都会让我写下书名、作者、内容简介，然后把卡片按字母顺序放进我的小盒子里。然后等到我去看望她的时候，每完成一个，她就奖励给我50美分，我会用这些钱去买更多的书！我完全被迷住了。

虽然我一直在教数学，也很喜欢教数学，但我不停地试图向我的学生灌输对阅读的热爱。我甚至建立了一个班级图书馆，里面有200多本书（图书馆还在，但现在在校长办公室）。很长一段时间以来，阅读并不是我所在学区学生的首要任务或热情所在。但是，谢天谢地，我的整个团队都热衷于改变这一点。

有一年圣诞节假期，我读了唐娜琳·米勒（Donalyn Miller）的《书语者》（*The Book Whisperer*）后，想到了一个全校范围的倡议。以下是我发给员工的信息：

我一直认为自己是一个数学老师。但直到上五年级，我才喜欢上阅读和写作。为什么？因为我从来没有找到适合我的书。我总是被告知我必须读什么，或者在课堂上不适合读什么，所以我讨厌阅读。上中学时，我偶然发现了《动物变形人》这一系列丛书。读了大约60本书之后，我就迷上了它，从那以后我就成了一个狂热的读者。

我们会问每一位员工："你认为自己是一个喜欢读书的人吗？""你最近读的一本书是什么？"所以说，作为老师，我们也需要持续阅读。不管我们肚子里有多少墨水，我们都一定要花时间继续学习，同时也要读我们的学生正在读的书。这样，阅读就可以从一件原本是我们要求孩子们做的事情，变成一件可以与孩子们分享的事情。

我在假期读完《书语者》这本书后，脑海里形成了一套关于如何使校园做得更好的想法。我最近采访了作者唐娜琳·米勒，而且还选择这本书作为我们学校的第一个"一人一书"项目的学习用书。我鼓励所有的工作人员一起沉浸在唐娜琳的书中。

但这仅仅是个开始。一起阅读《书语者》这本书，将是我们这学期全新阅读计划的开始！

从1月份开始，我们将向每一位成年人和孩子发起挑战，在学年结束前阅读20本书。20本书乍一听起来可能很多，尤其是对学生来说，但事实并非如此！学生们可以自主选择20本书。没有任何等级要求，不必选择特定的语法水平。我希望鼓励学生阅读，让学生爱上阅读，并看到我们所有人都在阅读。虽然我们的学生可能完不成20本书的目标。但没关系！我们只是想让孩子们读得比以前更多。对于一个以前一学年只读一本书的孩子来说，读5本书将是一个巨大的成功！但我们仍然希望每个学生的目标是20本。

下面是一些可能会发生的事情：

- 每位老师都会在办公室门上或附近挂一个标牌，宣传他们正在阅读的新书。（是的，我们鼓励孩子们读那些书！）
- 我们会设置一个读者跟踪页面，覆盖整个走廊的墙壁。每个孩子和学校工作人员都有属于自己的页面，来记录他们正在阅读的书籍，以及他们离达到20本的目标还有多远。
- 每天早上，学校工作人员都会向学生分享他们正在阅读的内容，以及他们为什么选择这本书。这是宣传好书的另一种方式！
- 随着时间的推移，我们开始让学生在公告中分享他们正在阅读或刚刚阅读的书籍。所以，要关注你的学生！如果他们爱上了一本书，让他们告诉我，我们会让他们在公告中分享！
- 每读完5本书，我们会为孩子们庆祝，所以当你的学生读了5本书后，请告知我！

- 每当学生完成阅读一本书后，他们会把它添加到他们的目标表中。不需要写读书报告，不需要做项目，也不需要填写表格。孩子们应该把他们的时间花在阅读上，而不是写一份比实际阅读时间更长的报告或表格。
- 每天早上，所有的学生都应该在阅读。我们也会要求他们在早餐时间和放学时间阅读。这意味着，你的学生需要书！如果你还没有带他们去取书或检查他们是否有书，你就需要开始行动起来了！
- 每个教室都需要一个班级图书馆，不论你教的是什么科目，从现在就开始，收集学生可以选择的书吧！
- 当你把学生送到校医院体检中心时，他们需要随身携带一本书。
- 随着学生们越来越接近他们的20本书的目标，我将开始与他们会面，了解他们最喜欢的作者和书籍，这样我就可以通过Skypes或谷歌Hangouts，找到与这些书籍作者合作的方式。
- 当学生读完一本书后，请把他们和那本书一起送到办公室，这样我就可以为将要创建的阅读墙拍照，并上传到我们学校的Twitter和Facebook上了。
- 每天抽出一定时间，让学生独立阅读。对于许多学生来说，马上开始在家阅读可能不是很现实。我们必须让他们首先看到，学校独立阅读时间的重要性。

- 其他的学校工作人员可能会联系你，约定一个时间，他们可以来和你的班级一起读一篇短篇小说，或者分享一份个人推荐书目。孩子们喜欢这样。阅读影响着我们生活的方方面面，影响着每一门课程。如果学生不学习如何阅读的话，那么他们也不会喜欢通过作业或通过阅读段落来阅读。他们首先需要自己练习，读他们喜欢的书或故事，而不是别人强塞给他们的书。让我们共同努力，在每个孩子的身上建立起对阅读的热爱！因为孩子们需要我们这么做！

当我们在全校范围内发起阅读活动时，孩子们都乐在其中！我们在自助餐厅的一面大墙上挂满了照片，都是孩子们读完书后拿着书拍的。我们让学生参加宣讲会，分享他们正在阅读的书。我们让老师们在每个办公室门前宣传书籍。有许多学生来我的办公室图书馆“借书”。孩子们在吃早饭和放学的时候都在读书。他们正在阅读，并爱上了它！这就是重点。

为孩子们读书

我（亚当）得承认，我年轻时不喜欢读书。让人发疯的是，我父亲是个二年级老师。我们家到处都是书，我父母每晚都给我们念书，我爸爸有一个大书架，上面有1000多本书。

直到三年级时，我发现了罗尔德·达尔（Roald Dahl）的书，我的阅读热情才开始被激发。我的识字之旅就是从那时开始的。作为一名老师和校长，我一直有一个特殊的使命，那就是帮助那些不情愿阅读的读者。我相信，如果你从小就培养起阅读的热情，那么你一生中成功的概率会大许多。

阅读很重要，尤其是对孩子们来说。4年前，我开始在课堂上读书——确切地说，我每个月都会给每个班级读一本同样的书。

4年后，孩子们每天都会问我什么时候来读书。孩子和家长总是向我推荐书，这非常有趣。诚然，我对书的选择有很高的标准，并且倾向于寻找与本月主题一致的故事。但是与学生一起阅读，可以进行精彩的对话，也可以指导学生继续学习。

从阅读的第一天开始，我就成了一名阅读校长，**在课堂上朗读，无疑是我作为一名校长做过的最有影响力的事情。**

使阅读成为一种习惯

阅读是一项基本技能，必须加以实践和利用。我们不能把我们的学校当作一个只在某一堂课或某一固定时间阅读的地方。不论我们在校园里扮演什么角色，我们的学生必须看到我们在读书，看到我们爱上书。

你可以参考以下一些方法：

- 在课间休息或空闲时间主动到教室里朗读。
- 为你正在读的书做广告。
- 创建图书预告片，或者让学生创建预告片！
- 创建一个教室图书馆，里面装满孩子们可以阅读的各种书籍。
- 让你的学生去其他教室读书。

- 与不同年级不同班级的学生建立联系，结交阅读伙伴。
- 某一天装扮成书中的角色。
- 从社区中邀请客座读者。
- 在课堂上朗读时，使用傻里傻气的声音和夸张的动作。
- 录下自己读过的一本书，上传到网上，让别人使用，或者让你的学生能听到。

阅读与思考

1. 你认为自己是一个喜欢读书的人吗？如果不是，是什么阻碍了你？怎样才能更好地为你的学生树立榜样？

2. 你做过哪些伟大的事情，来向孩子们灌输对阅读的热爱？

3. 你最喜欢和孩子们一起读的书是什么？

第29章

让学生感受科技的力量

Send Them Home

每所学校都会让学生带一些东西回家。对一些学校来说，是家庭作业；对一些学校来说，是图书馆的书或者教科书。但是有一件东西我们很少看到，那就是让学生把科技产品带回家。

这是为什么呢？

是因为我们不信任我们的孩子们吗？我们认为他们会弄丢它，打碎它，还是偷走它？我们在害怕什么？

放下担心

去年8月，我（亚当）开始允许学生们将我们的Spheros球形机器人（可以用iPad编程的机器人）带回家。家长们简直不敢相信，孩子们都惊呆了！

我给学校买了一堆球形机器人，在我每周二早上教的编程课上使用。看到孩子们玩完后，我有了一个想法。为什么不能让球形机器人和孩子们一起回家呢？

疯了吧？我的意思是，对于其他教育工作者来说，让昂贵的科技产品和学生一起回家真的不是个“好”主意！

但我不在乎。我看到了孩子们眼中的兴奋，我决定把我的想法付诸行动。

所有的孩子家里都需要一台iPad，我知道我的大多数学生家里都有一台。如果他们没有，我就送他们一个！

我决定在社交网站上发一张球形机器人推车的照片，给家长们看看。在我发帖30分钟后，我收到了几位家长的信息，他们要来到我的办公室看球形机器人。我写了三个不同的应用程序，让孩子们可以使用，然后把球形机器人给了学生们。

孩子们回家后的几个小时都在干什么？他们一直在玩球形机器人！家长们在社交网站上发布了他们自己拍的球形机器人的活动照片，就在那时，我知道我们的孩子们正在主动学习编程、解决问题、合作和设计。当他们遇到挫折，解决问题时，他们在思考、创造，还有更多！

资金问题不是借口

我们发现，**当你放弃某些控制权，停止找借口，稍微信任孩子一丁点儿时，他们总是会给你惊喜。**虽然这个过程不会一帆风顺，但仍然很棒！

许多学生的家里没有那些在学校才能使用的“花哨”的工具，比如chromebook（Google推出的网络笔记本）、Spheros（球形机器人）、littleBits（电子积木）、Osmos（物理小游戏），等等。他们只能在学校里使用它们。假设在自己家中也可以使用的话，他们会用这些工具做些什么呢？

想象一下，如果你给孩子们一台设备和一些特别的应用程序，让他们在周末去探索，会发生什么？或者开办一个课外俱乐部，邀请孩子们分享他们正在使用的工具，或者他们正在设计或创造的东西。

你知道，当你这么做时会发生什么吗？你与学生及其家人之间建立了一种互相信任的思维模式。你告诉学生，“我想要打破教室壁垒，在这一过程中与你成为合作伙伴。我非常信任你，所以允许你把我们购买的设备带回家”。它确实可以消除隔阂和先入之见。你可以告诉学生，“我希望你们把这些设备带回家，独立学习，然后回到学校分享这些知识”！

这很简单！你能做到！有很多人已经做到了，我们知道你也可以！

但是，你们中的一些人可能会想，“嗯，这种方式很好，但是我们没有钱买设备”。我们也经历过这种情况，而且现在仍然在很难找到资金的环境中努力工作，但那是你作为老师可以做的最好的事情——解决问题。你会变得更有创造力。

我们最喜欢的资源之一是DonorsChoose.org。它是一家线上教育募资平台，它曾被知名脱口秀主持人奥普拉·温弗瑞在节目上盛赞为“革命性的公益组织”。DonorsChoose致力于结合教师的智慧与群众的力量，将教育资源带给有需求的公立学校学生。它的口号是：“你提案，我资助！”当地具有正式资格的教师，能够在该平台上公布教案，并列出教案所需的教具、经费，支持该理念的群众则通过此平台支持、捐助教案经费。

刚开始询问，我们就收到了价值数千美元的教学材料。

要记住，最重要的一点是，这不需要花很长时间就可以在你的学校里实施起来。一些设备和工具会丢失或损坏吗？当然！但那是生活的一部分！需要视情况而定。你能做的就是，教会孩子们如何恰当地使用工具和尊重它们，并且期待着孩子们给你惊喜。

让孩子们把球形机器人、无人机、平板电脑和网络笔记本电脑带回家，也把探索、想象和创造的力量带回家。

阅读与思考

1. 是什么阻碍了你让孩子把科技产品带回家？你的校园或地区怎么样？

2. 你有什么方法可以说服别人迈出这一步？

3. 你让学生把什么东西带回家了吗？你的经历是什么？

第30章

为孩子们而战

Final Thoughts

我们在本书中分享了很多想法和观点，希望有更多的教育工作者能参与到我们正在进行的对话之中。我们与教育界许多想产生更大影响的人保持联系。教育工作者对他们所处的体制感到失望，对封闭和被否定感到失望。太多的人墨守成规，因循守旧，不敢走出大门，去开辟新的道路。我们遇到过这样的教育工作者，他们周围的人都在找借口，谈论为什么孩子们做不到，并且在无聊的生活中感到很舒适。

如果你不注意，这种情况会吸干你的灵魂，让你想要离开教育这一行业。孩子们需要我们为他们创造梦想！因为这会颠覆现状，提醒人们他们并不孤单。无论结果如何，一个庞大的（而且还在不断壮大的）群体正在开始对话，正在超越界限，挑战现状。

我们想要盖过那些试图把我们困在黑暗里的声音。我们想要减少关于教育的负面报道，支持那些敢于冒险的人、梦想家，那些不接受否定回答的人，以及那些不断为孩子做最好事情的人。

最后，我们希望，我们所做的一切都能回归到孩子们身上。我们希望这本书能让你思考，改变一些错误的观念，甚至鼓励你勇敢地走出去。孩子们不只需要我们中的几个人为他们而战，他们需要我们所有人为他们而战。现在是你出手的时候了。我们不能再浪费时间了。为什么？因为这是孩子们需要的！

关于作者
ABOUT THE AUTHOR

托德·奈斯洛尼 Todd Nesloney

托德·奈斯洛尼，本质上是个学习者，他很幸运，整个职业生涯都在做自己喜欢的事情。他目前是得克萨斯州韦伯小学的校长和首席学习官。在此之前，托德在纳瓦索塔中学担任了一年的校长。

托德获得过几项荣誉。他获得了2015年度小学校长奖和2014年度课堂教师奖。托德被奥巴马总统和白宫视为变革的倡导者。他还被国家学校董事会协会选为美国教育界“最值得期待的20名教育者”之一，并被数字教育中心选为“教育40大创新者”之一。托德还被得州计算机教育协会评为“年度小学教师”。

托德挑战传统教学的定义和期望，同时与他的团队一起和学生进行全面的实践。除了他作为管理者和教育者的职业生涯之外，托德还在全国各地旅行、领导员工发展，并发表主题演讲。

托德是儿童读物《斯普鲁斯与露西》的作者，也是《翻转课堂2.0》的合著者，还是教育播客系列节目《学生最需要什么》的联合主持人。

在业余时间里，托德喜欢去看电影，读书，在外面种花，和他的妻子莉莎特在一起。

你可以通过访问他的网站www.toddnesloney.com或通过Twitter：@TechNinjaTodd来了解更多关于托德的信息。

亚当·维尔科恩 Adam Welcome

亚当·维尔科恩从小到大一直在接受教育，从小在父亲教学的二年级教室里长大。亚当教了7年的三年级、四年级和五年级。在过去的6年里，他一直是湾区一所小学的校长。

2010年，亚当被《科技与学习》杂志提名为“年度技术领袖”。2013年，他获得了“年度校长”的称号。2016年，获得了“东湾线索网站领袖”的称号。最近，他被国家学校董事会协会选为美国“最值得期待的20名教育者”之一。

亚当也很喜欢写博客，他为EdWeek、NAESP杂志、ACSA杂志写过很多文章，几乎每天都更新自己的博客。

在业余时间，亚当每周跑30—40英里，每年跑3次马拉松。不过，他最喜欢的活动是和妻子斯泰西、两个孩子葛丽塔和蒂尔登一起在太浩湖闲逛，他们在那里远足、滑雪，享受户外活动。

你可以在adamwelcome.blogspot.com上阅读更多亚当的博客，也可以在Twitter和Voxer上与他联系：@awelcome。

高度参与的课堂：提高学生专注力的沉浸式教学

ISBN：978-7-5153-5752-2
作者：[美] 罗伯特·J. 马扎诺
黛布拉·皮克林
塔米·赫夫尔鲍尔
定价：39.90元

入选中国教育网2019年度“影响教师的100本书”
入选江苏省如皋市教育局指定教师阅读书目
入选重庆新华2020年重点品种

- 美国教育界专家、马扎诺研究中心创始人倾情力作
- 长期占据美国亚马逊教育理论类书籍榜单
- 教师人手一本的实践教学指南
- 帮助教师更轻松管理课堂，帮助学生更容易融入课堂

内容简介：

本书涉及的课堂实践可以积极地影响学生的专注力和参与度。学生在课堂上的高度参与显然是高效教学的核心方面之一。如果学生不积极参与，他们就几乎没有机会学到课堂上的知识。利用本书中提出的实用性建议，每位教师都可以创造一个课堂环境，让学生对以下四个问题产生积极应答，让学生参与变成一种课堂常态：

·我感觉如何？　·我感兴趣吗？　·这重要吗？　·我能做到吗？

本书阐述了教学视角的根本性改变。“我感觉如何”关乎学生情感，“我感兴趣吗”关乎课堂吸引程度，这两个问题和专注力有关。“这重要吗”探讨学生如何将课堂目标与个人目标联系起来，“我能做到吗”说的是如何培养学生的自我效能感，这两个问题涉及长期的课堂参与，对这两个问题的解决，也为教师、学校开辟了新的教学视角。除了专注于教授学生学术内容，教师还应让学生意识到，他们认为什么是重要的，以及他们的思维模式如何对他们的生活产生积极或消极的影响。这种意识可以帮助学生学到更重要、更具影响力的知识。

作者简介：

罗伯特·J.马扎诺博士，美国教育界专家，马扎诺研究中心联合创始人兼首席执行官，著名演讲者、培训师和作家。他将最新的研究和理论转化为课堂实践，在国际上广为人知，并被教师和管理人员广泛应用。

黛布拉·皮克林博士，马扎诺研究中心高级学者，致力于为众多学校和地区提供教育咨询。作为一名课堂教师、教育界领袖和学区行政管理人员，皮克林博士在其整个教育生涯中获得了丰富的实践经验。

塔米·赫夫尔鲍尔博士，马扎诺研究中心副总裁，同时也是一名教育顾问。赫夫尔鲍尔博士在密苏里州堪萨斯城开始了她的教学生涯，后来搬到内布拉斯加州，在那里获得了地区杰出教师奖。

像冠军一样教学：
引领学生走向卓越的62个教学诀窍

ISBN：9787515343488
作者：[美]道格·莱莫夫
2016-9　定价：49.00元
上架建议：畅销书　教师用书

入选《中国教育报》2016年度“教师喜爱的100本书”
入选中国教育新闻网2016年度“影响教师的100本书”

- 被誉为美国的“教学圣经”
- 全球1700万教师口碑相传的教学指南
- 教育界罕见的销量过千万的全球畅销书
- 只要掌握技巧，没有教不会的学生
- 一套已被证明适合每一所学校和每一个教师课堂的实用教学工具
- 《纽约时报》《时代周刊》《洛杉矶时报》《华盛顿邮报》《华尔街日报》《今日美国》等权威媒体重磅推荐
- 伟大的教师不是天生的，而是后天造就的。事实上，每一位教师都可以选择加倍努力来完善自己，最终成为你想成为的教师。本书涉及的62个教师技巧，一直被大多数教师实践，所有遵循这些方法的教师，都成功掌控了自己的课堂。

内容简介：《像冠军一样教学：引领学生走向卓越的62个教学诀窍》被誉为美国的“教学圣经”，作者多年来观察教学成效出色的冠军教师，从他们的教学技巧中整理归纳出一套实用的教学手册，清晰易懂又容易上手，能帮助新手教师更快进入状况，快速提升教学效果；帮助老教师直达教育本质，沉淀教学精华；帮助学生发挥最大潜力，在未来拥有更多机会。

全书在一个个引人入胜的教学案例中，为教师提供了62个操作简便、高效实用的教学技巧，每章末均附有切实可行的培训练习，帮助教师进一步理解和反思他们的教学行为，以更好地引导学生专注学习，发挥最大潜力。

作者简介：道格·莱莫夫是美国畅销书作家、权威教育家、著名教师培训导师。毕业于哈佛大学。

道格是教育界的权威专家。不仅如此，他还是全美教师培训界最引人注目的导师，他在观察几千堂“不可思议”的高效课堂后，归纳出冠军教师所需要的62个教学诀窍，他关于教学的理念和方法，一直被大多数教师实践，所有遵循这些方法的人，都成功掌控了自己的课堂和生活，并从中获得了无限快乐和幸福。

《像冠军一样教学：引领学生走向卓越的62个教学诀窍》出版后，在全球教育界引起巨大震动，包括《纽约时报》《洛杉矶时报》等主流媒体都做过专文报道。莱莫夫本人也声名鹊起，哈佛大学教育学院数次诚邀他登台演讲，约旦王后拉尼娅盛情邀请他出任教育顾问。

他还撰写了畅销书《练习的力量：把事情做到更好的42法则》。

「常青藤」教育书系·重磅推荐 >>>

《从优秀教师到卓越教师：极具影响力的日常教学策略》

作 者：（美）安奈特·布鲁肖
托德·威特克尔

ISBN：978-7-5153-1237-8

开 本：16

页 码：336

定 价：33.80元

★ 入选浙江省教师节用书

★ 入选中小学教师必读图书

★ 入选“新华杯”教师读书征文比赛推荐图书

★ 高效：一天一个简单易学的方法，5分钟就能让你的教学效果“立竿见影”

★ 实用：180天，闲暇之时就能轻松学习新理论、新方法、新智慧

★ 权威：美国最受欢迎的教育家与数千名卓越教师的无私分享，让你获得全新的教学视野

★ 超强影响力：美国教育界公认最好的教师培训项目二十余年的宝贵经验

本书是一本覆盖全学年的实用教学指南，一共包含180天，几乎覆盖了整个学年的教学时间，每一天为教师提供一个与教学相关的方法、策略或者行动建议，以提高教学的有效性。教师每天只需花几分钟的时间，就能获得新进步、新收获。

作为一名教师，由于肩负着众多的责任，所以很容易顾此失彼，看重一些我们本无须看重的东西，忽略一些我们本不该忽略的东西。因此，每一天，我们都需要提醒自己做自己该做的事情。本书将在你教学的每一天为你送上温馨的提醒、善意的建议、周全的行动计划。

- 风靡全球的“翻转课堂”和“翻转学习”，最早起源于本书的两位作者乔纳森·伯尔曼和亚伦·萨姆斯，他们所任教的美国科罗拉多州落基山的“林地公园”高中被誉为“翻转课堂圣地”，他们在学校长达10余年的对于翻转课堂的实践，已经引起越来越多的人的关注，以至于经常受到邀请向全世界同行介绍这种教学模式
- 来自“世界翻转课堂圣地”的成功模式——轻松效仿
- 被誉为“翻转课堂先驱”的他们对翻转课堂进行了长达十余年的勇敢尝试——成效显著
- 数学和科学卓越教学总统奖得主震撼力作——超强影响力

作者简介：乔纳森·伯格曼，获得过数学和科学卓越教学总统奖（该奖项是美国数学和科学教学领域杰出表现的最高认证），被誉为“翻转课堂先驱”。他和亚伦对翻转课堂进行了长达十余年的勇敢尝试和实践，引起了全世界的关注，世界各地的小学、初中、高中乃至成人教育都纷纷采用这种模式来教授各个学科，并取得了卓越的成效。

亚伦·萨姆斯，获得过数学和科学卓越教学总统奖，被誉为“翻转课堂先驱”。他和乔纳森一起为“翻转课堂”这种教学模式的完善和推广做出了巨大的贡献。

入选中国教育新闻网“影响教师的100本书”

翻转课堂与慕课教学：
一场正在到来的教育变革

ISBN：978-7-5153-2823-2
作者：[美]乔纳森·伯格曼，亚伦·萨姆斯
定价：26.00元

内容简介：《翻转课堂与慕课教学》开始于一个简单的观察：在传统课堂上，学生一直很被动地接受教师的答案。而现在，作者乔纳森·伯格曼和亚伦·萨姆斯尝试了翻转课堂模式，这种模式以学生为中心，鼓励学生为自己的学习负责，并广泛运用于学生的家庭作业、课堂任务、实验和考试等各个方面。

通过10余年的勇敢尝试，乔纳森·伯格曼和亚伦·萨姆斯渐渐发现这种模式可以复制到任何一个课堂，也不需要更多金钱的投入。在这本书中，你将知道“翻转课堂”模式究竟是什么，为什么这种模式会有效，如何实施这一模式。

翻转学习：如何更好地实践
翻转课堂与慕课教学

ISBN：978-7-5153-3483-7
作者：[美]乔纳森·伯格曼，亚伦·萨姆斯
定价：32.00元

内容简介：本书探讨的是一场比翻转课堂更深入的变革：老师不仅仅考虑翻转自己的课堂，而是更为深入地去翻转整个学习过程——如何最充分地利用与学生面对面的时间，从根本上改变课堂和学校，从而满足每一个学生的需要，真正达到定制化学习体验，实现教育“最有效点”。

翻转学习的最大力量正是能够为每一个孩子定制学习。教师可以集中精力改变课堂，使它完全以学生为中心。翻转学习将永远改变教师的教学和与学生互动的方式：学生不仅提高了成绩，而且习得了更加重要的批判性思维和写作技能。教师在课堂上比以往任何时候都兴奋和轻松。